KB088114

새로운 ~~자료, 다양~~한 자료
동양북스 홈페이지에서 만나보세요!

홈페이지 활용하여 외국어 실력 두 배 늘리기!

홈페이지 이렇게 활용해보세요!

---

1 도서 자료실에서 학습자료 및
MP3 무료 다운로드!

❶ 도서 자료실 클릭
❷ 검색어 입력
❸ MP3, 정답과 해설, 부가자료 등
   첨부파일 다운로드

* 원하는 자료가 없는 경우 '요청하기' 클릭!

2 동영상 강의를 어디서나 쉽게!
외국어부터 바둑까지!

500만 독자가 선택한

가장 쉬운
독학 일본어 첫걸음
14,000원

가장 쉬운
독학 중국어 첫걸음
14,000원

가장 쉬운
독학 베트남어 첫걸음
15,000원

가장 쉬운
독학 스페인어 첫걸음
15,000원

가장 쉬운
독학 프랑스어 첫걸음
16,500원

가장 쉬운
독학 태국어 첫걸음
16,500원

가장 쉬운
프랑스어 첫걸음의 모든 것
17,000원

가장 쉬운
독일어 첫걸음의 모든 것
18,000원

가장 쉬운
스페인어 첫걸음의 모든 것
14,500원

첫걸음 베스트 1위!

가장 쉬운 러시아어
첫걸음의 모든 것
16,000원

가장 쉬운 이탈리아어
첫걸음의 모든 것
17,500원

가장 쉬운 포르투갈어
첫걸음의 모든 것
18,000원

버전업! 가장 쉬운
베트남어 첫걸음
16,000원

가장 쉬운 터키어
첫걸음의 모든 것
16,500원

버전업! 가장 쉬운
아랍어 첫걸음
18,500원

가장 쉬운 인도네시아어
첫걸음의 모든 것
18,500원

버전업! 가장 쉬운
태국어 첫걸음
16,800원

가장 쉬운 영어
첫걸음의 모든 것
16,500원

버전업! 굿모닝
독학 일본어 첫걸음
14,500원

가장 쉬운 중국어
첫걸음의 모든 것
14,500원

오늘부터는 팟캐스트로 공부하자!

팟캐스트 무료 음성 강의

▶▶1 iOS 사용자

Podcast 앱에서 '동양북스' 검색

▶▶2 안드로이드 사용자

플레이스토어에서 '팟빵' 등 팟캐스트 앱 다운로드, 다운받은 앱에서 '동양북스' 검색

▶▶3 PC에서

팟빵(www.podbbang.com)에서 '동양북스' 검색 애플 iTunes 프로그램에서 '동양북스' 검색

◉ **현재 서비스 중인 강의 목록** (팟캐스트 강의는 수시로 업데이트 됩니다.)

• 가장 쉬운 독학 일본어 첫걸음
• 페이의 적재적소 중국어
• 가장 쉬운 독학 중국어 첫걸음
• 중국어 한글로 시작해
• 가장 쉬운 독학 베트남어 첫걸음

일단 합격하고 오겠습니다

TSC
TEST OF SPOKEN CHINESE
실전문제집

저자 이명순

유형서

동양북스

일단 합격하고 오겠습니다

TSC
TEST OF SPOKEN CHINESE

실전문제집 (유형서)

초판 인쇄 | 2018년 12월 5일
초판 발행 | 2018년 12월 10일

지은이 | 이명순
발행인 | 김태웅
편집장 | 강석기
책임편집 | 김다정
일러스트 | 권나영
디자인 | 방혜자, 김효정, 서진희, 강은비
마케팅 총괄 | 나재승
마케팅 | 서재욱, 김귀찬, 오승수, 조경현, 양수아, 김성준
온라인 마케팅 | 김철영, 양윤모
제 작 | 현대순
총 무 | 김진영, 안서현, 최여진, 강아담
관 리 | 김훈희, 이국희, 김승훈

발행처 | (주)동양북스
등 록 | 제 2014-000055호(2014년 2월 7일)
주 소 | 서울시 마포구 동교로22길 12 (04030)
전 화 | (02)337-1737
팩 스 | (02)334-6624
http://www.dongyangbooks.com

ISBN 979-11-5768-453-3 13720

이 도서의 국립중앙도서관 출판예정도서목록(CIP)은 서지정보유통지원시스템 홈페이지(http://seoji.nl.go.kr)와
국가자료공동목록시스템(http://www.nl.go.kr/kolisnet)에서 이용하실 수 있습니다.
(CIP제어번호:CIP2018034926)

머리말

2004년부터 지금까지 TSC를 가르쳐오면서 많은 노하우와 자료를 노트에 정리해 두었습니다. 이제 그것을 학습자들을 위한 책으로 내놓게 되었습니다. 15년 동안 TSC시험에 대한 심도 있는 분석과 연구를 바탕으로, 출제 경향에 따라 유형별·난이도별로 나눈 문제와 더불어 효율적인 학습 노하우까지 고스란히 담았으니 학습자 여러분께 도움이 되리라 믿습니다.

TSC시험은 중국어 말하기시험이지만 회화를 잘한다고 해서 점수가 반드시 잘 나오는 것은 아닙니다. 회화 실력과 함께 순발력 및 문제 유형 파악능력을 갖추고 기출문제를 많이 풀어야 고득점 할 수 있습니다.

본 교재는 각 부분에 자주 출제되는 주제를 철저히 분석·정리하여 제시하였으며, 응시자가 답변할 때 활용할 수 있는 답변 요령·기본 문법·모범 답안 및 고득점 팁 등을 다수 제시하였습니다. 또한 각 부분마다 약 20세트의 문제가 수록되어 반복적인 학습이 가능합니다. TSC시험은 유형이 뚜렷하고 기출문제가 반복적으로 출제되고 있으므로 유형을 파악하고 기출문제를 미리 학습하는 것이 시험에서 이길 수 있는 왕도입니다.

끝으로 이 책이 나올 수 있도록 소중한 기회를 주신 동양북스에 감사합니다.

본 교재가 여러분의 친구가 되고, 날개가 되는 날까지 중국어를 열심히 공부하여 당신의 목표와 꿈이 현실이 되길 희망합니다.

저자 이명순

TSC 소개

❶ TSC시험이란?

TSC란 Test of Spoken Chinese의 약자로, 일상생활이나 실무 현장 등에서 실제로 의사소통 할 수 있는 능력을 평가하는 CBT 방식의 중국어 말하기 시험이다.

❷ TSC 구성

TSC는 모두 7개의 파트, 총 26문항으로 구성되어 있으며, 평가 시간은 총 50분(오리엔테이션: 20분, 시험: 30분)정도 소요된다.

*오리엔테이션 시작 후에는 입실이 불가능하며, 오리엔테이션과 본시험 사이에는 휴식시간이 없다.

부분	내용	그림 유무	한자 유무	문항수	준비시간	답변시간
제1부분	自我介绍 자기소개하기	X	O	4	없음	10초
제2부분	看图回答 그림 보고 답하기	O	X	4	3초	6초
제3부분	快速回答 대화 완성하기	O	X	5	2초	15초
제4부분	简短回答 일상 화제에 대해 설명하기	X	O	5	15초	25초
제5부분	拓展回答 논리적으로 답하기	X	O	4	30초	50초
제6부분	情景应对 상황 대응	O	O	3	30초	40초
제7부분	看图说话 그림 보고 이야기하기	O	X	1	30초	90초

❸ TSC 평가 영역

TSC 시험은 4가지 평가영역을 3단계에 걸쳐 채점한다.

1단계		2단계		3단계
답변파일을 들으며 이해도, 반응도, 정확도 등 발화의 전반적인 수준을 측정하여 Level을 부여	▶	평가영역(유창성, 문법, 어휘, 발음)별로 나누어 성취도 평가	▶	모든 답변파일의 채점결과가 동일기준으로 산출되었는가를 조사하기 위한 *QC 실시

*QC는 Quality Control의 약자로 채점된 답변을 무작위로 골라 채점된 Level과 비교하는 최종 검토 작업을 말하며, 이를 통해 채점결과의 신뢰성을 확인할 수 있음

④ TSC 등급

1~2등급	학습한 단어와 구를 이용하여 제한적이고 기초적인 의사소통이 가능하다. 아주 간단한 문장을 만들어 내기도 하지만 이 수준을 꾸준히 유지하지 못하며 어법 지식과 어휘도 상당히 부족하다. 모국어의 영향도 강하게 남아 있어 중국어를 모국어로 하는 사람도 이해하기가 힘들다.
3등급	자기 자신과 관련된 화제 중에서도 자주 접하는 질문에 간단하게 대답할 수 있고 제한된 일상적인 화제에 대해서 아주 간단한 단어와 기초적인 어법에 맞춰 구성한 간단한 문장으로 다른 사람과 대화할 수 있다.
4~5등급	자신의 관심분야 등과 같은 일반적인 화제에 대해 구체적으로 답변할 수 있고 기본적인 사회활동을 하는 데 큰 문제가 없다. 기본적인 어법과 자신과 관련된 어휘들은 잘 알고 있지만 사용 상의 실수가 약간 보이고 여전히 중간에 머뭇거린다. 모국어의 영향이 남아 있지만 익숙한 내용에 대해서는 적당한 속도로 말할 수 있다.
6~8등급	대부분의 일반적인 문제에 비교적 분명하고 명료하게, 어느 정도의 설득력을 갖추고 자신의 의견을 표현해 낸다. 그러나 논리적으로 의견을 제시할 때는 말하는 속도가 떨어지고 어법 상의 실수를 하기도 한다. 비교적 폭넓은 어휘력과 고급 수준의 어법 실력을 통해 자신의 의견을 분명하게 전달할 수 있다. 모국어의 영향이 남아 있으나 유창하게 말한다.
9~10등급	모든 질문에 풍부한 어휘와 복잡한 문형을 사용해 조리 있게, 자유자재로 답변할 수 있다. 고급 수준의 화제에 대해서도 논리적으로 유창하게 말할 수 있다. 풍부한 어휘력을 갖추고 있는 것은 물론 사자성어와 관용어를 구문 안에서 적절히 사용할 수 있고 대체적으로 어법에서도 실수가 없는 편이다. 발음과 억양 등이 자연스러우며 모국어의 영향이 아주 적다.

⑤ TSC 활용 현황

- **대학교** 학업 능력 측정, 학점 반영, 교환학생 선발 시에 활용
- **일반 기업 및 공기관** 인사고과 기준 마련, 직원 평가 및 신입 선발 자료, 해외 파견자 선발, 효과적인 인재 육성 등에 활용
- **항공사** 인사고과 및 평가, 국제선 승무원 선발 평가 기준, 승무원 선발 시 가점 등에 활용

⑥ 응시자 가이드

- **접수** TSC 중국어 말하기시험은 반드시 인터넷 홈페이지(www.ybmtsc.co.kr)를 통해 온라인 접수를 해야 하며 방문접수는 받지 않는다.
- **시험시각** 09:30 (입실 시간 09:10~09:29 엄수)
- **신분증** 유효한 신분증 지참
- **성적 확인** 시험 응시 이후 약 2주 뒤 금요일에 인터넷을 통해 확인 가능하며 성적표는 접수 시 기재한 주소로 우편 발송된다. (최초성적표는 우편수령만 가능) TSC 성적 유효기간은 시험 시행일로부터 2년 뒤 해당 시험일자까지이다.

❼ TSC시험 화면 구성

제1부분에서 제7부분까지 현재 진행중인 부분이 표시됩니다.

총 26문제 중 몇 번째 문제를 풀고 있는지 보여줍니다.

'질문 듣기' 버튼으로, 이 버튼에 불이 들어오면 문제가 자동 재생됩니다.

'생각하기' 버튼으로, 이 버튼에 불이 들어오면 답변을 생각합니다. 각 부분별로 이 시간이 다를 수 있으므로 화면 맨 아래 '남은 시간'의 숫자를 확인하세요.

'답변하기' 버튼으로, 이 버튼에 불이 들어오고 알림음이 울리면 답변을 합니다. 각 부분별로 이 시간이 다를 수 있으므로 화면 맨 아래 '남은 시간'의 숫자를 확인하세요.

제2, 3, 6, 7부분은 그림이 제시됩니다.

각 부분별 또는 문제별로 할당된 시간을 미리 보여줍니다.

'멈춤' 버튼으로, 주어진 시간이 끝나면 이 버튼에 불이 들어옵니다. 불이 들어온 이후에는 마이크에 대고 말을 하더라도 녹음이 되지 않습니다.

'남은 시간' 버튼으로, 문제별로 남은 시간을 보여줍니다. 시간이 지나면 답변을 하여도 소용이 없으니 반드시 시간을 잘 보고 진행하세요.

TSC 공략법

1 ✏️ **일상생활 소재거리 미리 준비하기!**

TSC시험은 순발력이 많이 필요하기 때문에 미리 준비하지 않으면 시험을 치를 때 답변을 제대로 할 수 없습니다. 따라서 취미, 퇴근 후나 주말에 자주 하는 일, 출퇴근 방법 등 자신의 일상생활을 중국어로 미리 준비해 두는 것이 좋습니다.

2 ✏️ **제 2, 3부분을 탄탄히!**

TSC시험은 제1~7부분까지 있는데, TSC 3등급(삼성 그룹 기준 4등급)을 따려면 제2, 3부분이 가장 중요합니다. 따라서 그 이상의 등급을 목표로 하더라도 제2, 3부분에서 실수하는 일이 없도록 해야 합니다.

3 ✏️ **몰라도 침묵은 금물!**

제4~7부분 문제를 포기하고 답변하지 않으면 녹음 파일에 음파가 감지되지 않습니다. 장시간 음파가 감지되지 않으면 3등급을 주지 못하도록 시스템을 설정해 두었기 때문에 한두 마디, 혹은 문제를 알아듣지 못했다는 문장이라도 말하도록 합니다.

4 ✏️ **자연스러움이 핵심!**

대답할 때 자연스럽고 적당한 빠르기로 말하는 것이 가장 중요합니다. 즉 발음이 좋고 말을 자연스럽게 하면 좋은 점수를 받을 수 있습니다.

5 ✏️ **큰소리로 자신 있게 말하기!**

가능한 한 큰 목소리로 말합니다. 소리가 작아 알아듣기 힘들면 정확한 레벨 판단이 불가능한 경우가 있습니다. 자신감이 없으면 목소리가 작아지고 발음도 불분명해져서 좋은 성적을 얻지 못하는 경우가 많습니다. 자신감을 가지고 큰 소리로 말하면 노력을 점수로 보상받을 수 있을 것입니다.

6 ✏️ **원하는 급수에 맞게 탄탄히 준비하기!**

초급은 자기소개를 할 때 실수하지 않도록 하고, 일상생활과 관련된 화제에 대해 대체로 이해하고 간단하게나마 답변해야 합니다. 중급은 일상생활과 관련된 화제와 사회 교류에 필요한 화제에 대해 충실히 답변을 해야 하며 일상적 사물에 대해 가능한 구체적으로 설명을 해야 합니다. 상급은 기초 문법의 사용에 있어 실수가 없어야 하며, 조리 있고 설득력 있게 자신의 의견이나 생각을 전달해야 합니다. 고급수준의 어휘를 사용해야 하며 자연스럽게 말하는 것이 중요합니다.

목차

구성과 활용

유형서

▶부분 파헤치기

실제 시험에 나오는 텍스트와 번역을 제시하여 각 부분의 출제 유형을 알 수 있습니다.

각 부분별로 답변에 활용 가능한 필수 어법 혹은 빈출 주제를 다섯 가지씩 제시하여 수험자가 다양한 주제의 문제에 대비할 수 있습니다.

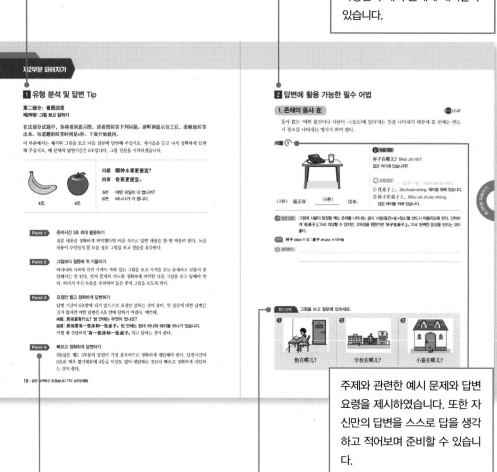

주제와 관련한 예시 문제와 답변 요령을 제시하였습니다. 또한 자신만의 답변을 스스로 답을 생각하고 적어보며 준비할 수 있습니다.

익힌 유형을 확인할 수 있는 세 문제를 제시하여, 수험자가 같은 주제의 다양한 문제에 익숙해지고 자신만의 답변 또한 완전히 다질 수 있습니다.

각 부분의 문제를 풀 때 중점에 두어야 할 핵심 및 답변 포인트를 제시하였습니다.

▶유형마스터

각 부분의 학습이 끝난 후 5회분의 문제 풀이를 통해 유형을 마스터할 수 있습니다.

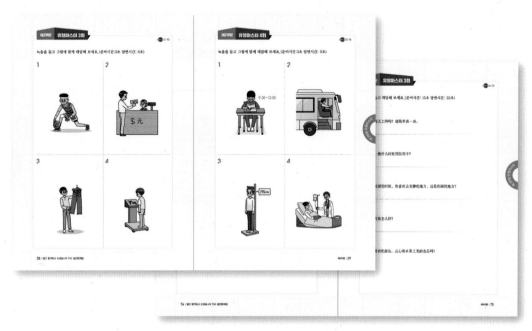

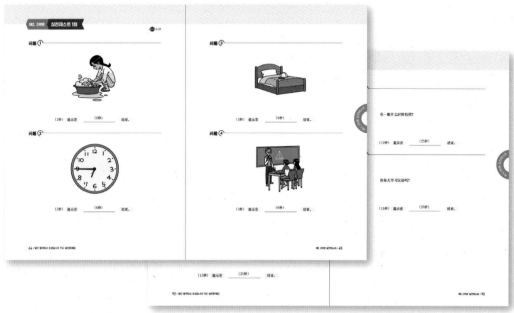

▶실전테스트

각각 제2, 3부분, 제4, 5부분, 제6, 7부분으로 비슷한 유형끼리 묶어 실제 시험의 시간에 맞추어 연습할 수 있습니다.

모의고사

실제 시험과 동일한 형태의 모의고사를 5회 수록하였습니다.
시험을 보기에 앞서 실력을 확인할 수 있습니다.

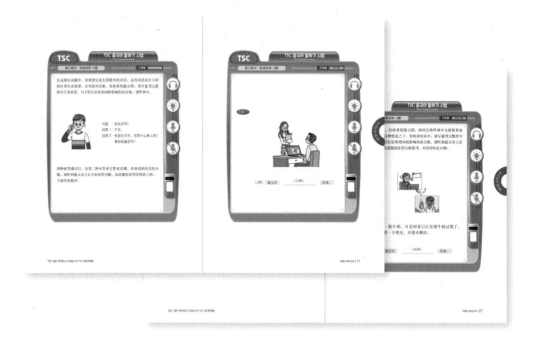

단어장

TSC시험에 자주 출제되는 단어들을 23일로 나누어 제시하였습니다.
하루에 30단어씩 학습하고, 학습한 단어의 뜻을 다시 써보며 복습할 수 있습니다.

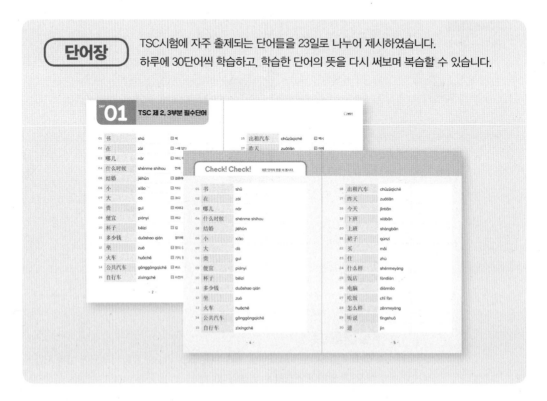

第一部分

自我介绍
자기소개하기

준비시간 • **없음**
답변시간 • **10초**
문 항 수 • **4문항**

1 유형 분석 및 답변 Tip

第一部分：自我介绍
제1부분: 자기소개하기

在这部分试题中，你将听到四个简单的问句。请听到提示音之后开始回答。每道题的回答时间是10秒。下面开始提问。

이 부분에서는 네 개의 간단한 질문을 듣게 됩니다. 제시음을 듣고 나서 답변해 주십시오. 매 문제의 답변 시간은 10초입니다. 그럼 질문을 시작하겠습니다.

问题1　你叫什么名字？
回答　我姓李，我叫李明进。
질문1　당신의 이름은 무엇입니까?
답변　저는 이 씨이고, 이명진이라고 합니다.

问题2　请说出你的出生年月日。
回答　我出生于一九九一年八月八日。
질문2　당신의 생년월일을 말해 보세요.
답변　저는 1991년 8월 8일에 태어났습니다.

问题3　你家有几口人？
回答　我家有四口人，爱人、两个孩子和我。
질문3　당신의 가족은 몇 명입니까?
답변　저희 가족은 네 명입니다. 배우자, 두 아이 그리고 저 입니다.

问题4　你在什么地方工作？或者你在哪个学校上学？
回答　我在三星电子工作。
질문4　당신은 어디에서 근무합니까? 혹은 어느 학교에 다닙니까?
답변　저는 삼성전자에서 근무합니다.

Point 1　답변 미리 준비하고 암기하기
　　　　매번 같은 문제가 출제되므로 답변을 미리 준비하고 암기해 자연스럽고 유창하게 대답한다.

Point 2　간략하게 대답하기
　　　　초중급자, 특히 발음이 그다지 좋지 않은 수험자의 경우 굳이 10초를 다 채울 필요 없이 간략하게 대답하는 것이 더 좋다. 길게 말하면 더듬거리거나 성조를 틀릴 위험이 있기 때문이다.

Point 3　최선을 다하기
　　　　점수에 반영되는 것은 아니지만 최선을 다해야 좋은 인상을 줄 수 있다.

2 답변에 활용 가능한 표현

1. 이름 말하기

MP3 1-01

问题 ①

🎙 녹음 대본

你叫什么名字?
Nǐ jiào shénme míngzi?
당신의 이름은 무엇입니까?

💬 모범 답안

┌ 성까지 넣어서 말한다.
我姓李，我叫李明进。
Wǒ xìng Lǐ, wǒ jiào Lǐ Míngjìn.
저는 이 씨이고, 이명진이라고 합니다.

2. 생일 말하기

问题 ①

🎙 녹음 대본

请说出你的出生年月日。
Qǐng shuō chū nǐ de chūshēng nián yuè rì.
당신의 생년월일을 말해 보세요.

💬 모범 답안

┌ 연도는 숫자를 하나하나 읽어야 한다.
我出生于一九九一年八月八日。
Wǒ chūshēng yú yī jiǔ jiǔ yī nián bā yuè bā rì.
저는 1991년 8월 8일에 태어났습니다.

3. 가족 구성원 말하기

问题 ①

🎙 녹음 대본

你家有几口人?
Nǐ jiā yǒu jǐ kǒu rén?
당신의 가족은 몇 명입니까?

💬 모범 답안

我는 맨 마지막에 붙여야 한다. ┐
我家有四口人，爱人、两个孩子和我。
Wǒ jiā yǒu sì kǒu rén, àiren, liǎng ge háizi hé wǒ.
저희 가족은 네 명입니다. 배우자, 두 아이 그리고 저 입니다.

4. 직업 말하기

问题 ①

🎙 녹음 대본

你在什么地方工作? 或者你在哪个学校上学?
Nǐ zài shénme dìfang gōngzuò? Huòzhě nǐ zài nǎ ge xuéxiào shàngxué?
당신은 어디에서 근무합니까? 혹은 어느 학교에 다닙니까?

💬 모범 답안

我在三星电子工作。
Wǒ zài Sānxīng diànzǐ gōngzuò.
저는 삼성전자에서 근무합니다.

👉 **답변 요령** 회사의 중국어 이름을 준비한다. 시간이 되면 부서와 직급을 말할 수도 있다.

녹음을 듣고 대답해 보세요.(답변시간: 10초)

1

你叫什么名字?

2

请说出你的出生年月日。

3

你家有几口人?

4

你在什么地方工作? 或者你在哪个学校上学?

第二部分

看图回答
그림 보고 답하기

준비시간 • **3초**
답변시간 • **6초**
문 항 수 • **4문항**

1 유형 분석 및 답변 Tip

第二部分：看图回答
제2부분: 그림 보고 답하기

在这部分试题中，你将看到提示图，请看图回答下列问题。请听到提示音之后，准确地回答出来。每道题的回答时间是6秒。下面开始提问。

이 부분에서는 제시된 그림을 보고 다음 질문에 답변해 주십시오. 제시음을 듣고 나서 정확하게 답변해 주십시오. 매 문제의 답변시간은 6초입니다. 그림 질문을 시작하겠습니다.

6元   8元

问题　哪种水果更便宜?

回答　香蕉更便宜。

질문　어떤 과일이 더 쌉니까?
답변　바나나가 더 쌉니다.

Point 1 　준비시간 3초 최대 활용하기

질문 내용을 정확하게 파악했다면 마음 속으로 답변 내용을 한 번 떠올려 본다. 녹음 내용이 무엇인지 잘 모를 경우 그림을 보고 질문을 유추한다.

Point 2 　그림보다 질문에 귀 기울이기

바나나와 사과에 각각 가격이 적혀 있는 그림을 보고 가격을 묻는 문제라고 섣불리 판단해서는 안 된다. 먼저 문제의 의도를 정확하게 파악한 다음 그림을 보고 답해야 한다. 따라서 우선 녹음을 주의하여 들은 후에 그림을 보도록 한다.

Point 3 　요점만 짧고 정확하게 답변하기

답변 시간이 6초밖에 되지 않으므로 요점만 말하는 것이 좋다. 위 질문에 대한 답변은 길지 않지만 어떤 답변은 6초 안에 답하기 어렵다. 예컨대,
问题: 房间里有什么? 방 안에는 무엇이 있나요?
回答: 房间里有一张床和一张桌子。 방 안에는 침대 하나와 테이블 하나가 있습니다.
이럴 땐 간단하게 '有一张床和一张桌子。'라고 답하는 것이 좋다.

Point 4 　빠르고 정확하게 답변하기

3등급은 제2, 3부분의 답변이 가장 중요하므로 정확하게 대답해야 한다. 답변시간이 6초로 매우 짧기때문에 4등급 이상도 많이 대답하는 것보다 빠르고 정확하게 대답하는 것이 좋다.

2 답변에 활용 가능한 필수 어법

1. 존재의 동사 在

 MP3 2-01

동사 在는 '어떤 물건이나 사람이 ~(장소)에 있다'라는 뜻을 나타내기 때문에 在 뒤에는 반드시 장소를 나타내는 명사가 와야 한다.

问题 ①

(3秒)　提示音　　　(6秒)　　　结束。

🎙 **녹음 대본**

杯子在哪儿? Bēizi zài nǎr?
컵은 어디에 있습니까?

💬 **모범 답안**

└→ '上'은 '~위', '~에'란 뜻으로 쓰인다.

① 在桌子上。Zài zhuōzi shàng. 테이블 위에 있습니다.
② 杯子在桌子上。Bēizi zài zhuōzi shàng.
　 컵은 테이블 위에 있습니다.

👉 **답변 요령**　그림에 사물이 등장할 때는 존재를 나타내는 공식 '사람/물건+在+장소'를 반드시 떠올리도록 한다. 간략하게 '在桌子上'으로 대답할 수 있지만, 고득점을 원한다면 '杯子在桌子上。'으로 완벽한 문장을 만드는 것이 좋다.

📕 **단어**　**杯子** bēizi 몡 컵 | **桌子** zhuōzi 몡 테이블

💡 **생각하기**　_____

_____

확인 문제　그림을 보고 질문에 답하세요.

❶ 他在哪儿?

❷ 学校在哪儿?

❸ 小猫在哪儿?

2. 소유의 동사 有

 MP3 2-02

有는 '사람이 어떤 것을 소유하거나, 어떤 장소에 어떤 물건이 있다'라는 뜻을 나타낸다. 有의 부정은 没有이다.

问题 ①

（3秒） 提示音 _____ （6秒） 结束。

🎤 녹음 대본

这里有什么? Zhèli yǒu shénme?
이곳에 무엇이 있습니까?

💬 모범 답안

　　　　　　　　　↱ 수사+양사+명사
① 三只鸡　sān zhī jī 닭 세 마리
② 有三只鸡。Yǒu sān zhī jī. 닭 세 마리가 있습니다.
③ 这里有三只鸡。Zhèli yǒu sān zhī jī.
　이 곳에는 닭 세 마리가 있습니다.

👉 답변 요령　간단한 질문은 질문의 형식에 맞추어 대답할 수 있다. 有가 나오면 '사람/장소+有+사람/물건'의 순서를 기억한다. 양사나 단어를 확실하게 알지 못할 경우 제시음을 듣자마자 답변하는 것보다 생각을 조금 하더라도 정확하게 대답하는 것이 유리하다.

📕 단어　只 zhī 양 마리[동물을 세는 단위] | 鸡 jī 명 닭

💡 생각하기 _____
_____

확인 문제　그림을 보고 질문에 답하세요.

❶

床上有什么?

❷

房间里有什么?

❸

路上有什么?

3. 진행을 나타내는 (正)在

'~하고 있는 중이다'라고 해석이 되는 동작의 진행태는 동사 앞에 '(正)在', 혹은 문장 맨 뒤에 '呢'를 붙인다. 正在, 在, 呢 중 하나만 있어도 진행의 의미를 나타낼 수 있다. 부정은 '没(有)'로 한다.

> 주어+(正)在+동사+목적어+(呢)

예 我在看广告。Wǒ zài kàn guǎnggào. 나는 광고를 보고 있다.

他在吃饭呢。Tā zài chī fàn ne. 그는 밥을 먹고 있다.

问题 ①

(3秒) 提示音 _____ (6秒) 结束。

🎙 녹음 대본

他在买裤子吗? Tā zài mǎi kùzi ma?
그는 바지를 사고 있습니까?

💬 모범 답안

没有, 他在买鞋。Méiyǒu, tā zài mǎi xié.
└ 현재 진행형의 부정은 没有로 한다.
아니요, 그는 신발을 사고 있습니다.

👉 답변 요령 在는 '~에 있다(동사)', '~에서(전치사)', '~하는 중이다(부사어)' 등의 다양한 용법이 있으니 질문을 잘 이해하고 뜻과 용법에 맞게 답변해야 한다.

단어 裤子 kùzi 명 바지 | 鞋 xié 명 신발

💡 생각하기

_____

_____

확인 문제 그림을 보고 질문에 답하세요.

❶ 男的在做什么?

❷ 他在做什么?

❸ 女的在做什么?

4. 수의 표현 (1)

1) 금액

$$6.85元$$

块(元) 毛(角) 分(分)

① 구어에서는 금전의 단위를 块 kuài, 毛 máo, 分 fēn으로 표현하고, 문어에서는 각각을 元 yuán, 角 jiǎo, 分 fēn으로 표현한다.
② 200块은 èrbǎi kuài이나 liǎngbǎi kuài로 읽는다.
③ 2가 맨 앞에 올 때는 liǎng으로 읽고(20块은 제외), 맨 뒤에 올 때는 èr로 읽는다.
④ 세 자리 이상의 수에서 10은 yīshí로 읽는다.
   예 412块 sì bǎi yīshí'èr kuài
⑤ 수 가운데의 0은 0이 여러 개 있어도 한 번만 읽는다.
   예 2008块 liǎng qiān líng bā kuài

2) 나이, 키, 몸무게, 사물의 길이·높이

수치를 물어보는 질문은 '주어+(有)+多+형용사'의 표현을 사용한다.

① 나이 묻기
   예 A: 你多大(了)? Nǐ duō dà (le)? 몇 살입니까?
   B: 三十二岁(了)。 Sānshí'èr suì (le). 32살입니다.

② 키 묻기
   예 A: 你多高? Nǐ duō gāo? 키가 몇입니까?
   B: 一米七八。 Yì mǐ qī bā. 178cm입니다.
   └ 우리나라의 표현대로 七十八 qīshíbā 라고 읽지 않도록 주의한다.

③ 몸 무게 묻기
   예 A: 你多重? Nǐ duō zhòng? 몸 무게가 몇입니까?
   B: 七十二公斤。 Qīshí'èr gōngjīn. 72kg입니다.

④ 사물의 길이 묻기
   예 A: 铅笔多长? Qiānbǐ duō cháng? 연필은 얼마나 깁니까?
   B: 十一厘米。 Shíyī límǐ. 11cm입니다.

⑤ 사물의 높이 묻기
   예 A: 桌子多高? Zhuōzi duō gāo? 테이블은 얼마나 높습니까?
   B: 七十八厘米。 Qīshíbā límǐ. 78cm입니다.

MP3 2-04

问题 ①

14.5元　16.8元　18元

（3秒）　提示音　_____（6秒）　结束。

🎙 녹음 대본

最小的杯子多少钱? Zuì xiǎo de bēizi duōshao qián?
가장 작은 컵은 얼마입니까?

💬 모범 답안

　　　　　　　　　　　→ 두 개의 화폐단위가 있을 땐 마지막
　　　　　　　　　　　　단위를 생략할 수 있다.

十四块五(毛)。 Shísì kuài wǔ (máo).
　　　→ 회화에서는 块로 표현한다.

14위안 5마오입니다.

💡 답변 요령　답변시간이 짧으므로 금액, 나이, 키, 몸무게 등 수를 묻는 질문은 단위를 생략하고 숫자만 대답하는 것이
　　　　　　좋다.

💡 생각하기　_____

_____

확인 문제　그림을 보고 질문에 답하세요.

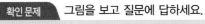

❶

44元　50元

帽子多少钱?

❷
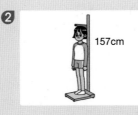

157cm

她个子多高?

❸

78岁　72岁

老爷爷今年多大年纪?

5. 수의 표현 (2)

1) 날짜 및 요일

① 연도는 숫자를 하나하나 읽는다.

예 1989년 一九八九年 yī jiǔ bā jiǔ nián

② 요일을 말할 때는 星期 뒤에 숫자를 붙인다. 단, 일요일은 星期天 혹은 星期日이다.

③ 월은 月로, 일은 号나 日로 표현하며, 월과 일을 물을 때는 의문대명사 几를 사용한다.

④ 날짜나 요일을 말할 때는 是를 쓰지 않는데, 이를 명사 자체가 술어 역할을 하는 '명사 술어문'이라고 한다. 그러나 부정문에서는 不是를 반드시 써야 한다.

예 A: 今天星期几? Jīntiān xīngqī jǐ? 오늘은 무슨 요일입니까?

　　B: 今天星期二。 Jīntiān xīngqī'èr. 오늘은 화요일입니다.

2) 시간

① 시는 点으로, 분은 分으로 표현하며, 시간을 물을 때는 의문대명사 几를 사용한다.

② 10미만의 분을 표현할 때는 분 앞에 零을 붙인다.

예 现在十一点零五分。 Xiànzài shíyī diǎn líng wǔ fēn. 지금은 11시5분입니다.

③ 2시는 两点이라고 한다.

3) 각종 번호

① 두 자리 수는 숫자 그대로 읽는다.

예 20호 二十号 èrshí hào

② 세 자리 이상의 수는 숫자 하나하나 읽어도 되고 숫자 그대로 읽어도 된다.

예 301번(버스) 三零一路 sān líng yāo lù

③ 모든 번호의 1은 yāo로 발음하며, 숫자 가운데 0은 모두 읽는다.

예 010-1234-5678 零一零一二三四五六七八 líng yāo líng yāo èr sān sì wǔ liù qī bā

问题 ①

（3秒）　提示音　_____（6秒）　　结束。

🎙 **녹음 대본**

他什么时候结婚?　Tā shénme shíhou jiéhūn?
그는 언제 결혼합니까?

💬 **모범 답안**

十月一号。Shí yuè yī hào.
  └▸ 회화에서는 号로 표현한다.

그는 10월 1일에 결혼합니다.

👉 **답변 요령**　날짜를 대답할 땐 숫자만 대답하는 것이 좋다. 왜냐하면 시간이 촉박할 뿐만 아니라 '他结婚十月一号。'와 같은 오답을 하기 쉽기 때문이다.

💡 **생각하기** _____

확인 문제　그림을 보고 질문에 답하세요.

❶

公共汽车几点出发?

❷

今天几月几号?

❸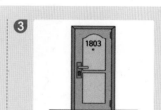

他住几号房间?

MP3 2-11

녹음을 듣고 그림에 맞게 대답해 보세요.(준비시간:3초 답변시간: 6초)

1

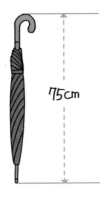

75cm

2

3

4

MP3 2-12

녹음을 듣고 그림에 맞게 대답해 보세요.(준비시간:3초 답변시간: 6초)

1

2

3

4

2-13

녹음을 듣고 그림에 맞게 대답해 보세요.(준비시간:3초 답변시간: 6초)

1

2

3

4

녹음을 듣고 그림에 맞게 대답해 보세요.(준비시간:3초 답변시간: 6초)

1

9:00 ~ 12:00

2

3

175cm

4

녹음을 듣고 그림에 맞게 대답해 보세요.(준비시간:3초 답변시간: 6초)

1

2

10

日	一	二	三	四	五	六
	1	2	3	4	5	6
7	8	9	10	11	12	13
14	15	(16)	17	18	19	20
21	22	23	24	25	26	27
28	29	30	31			

3

4

第三部分

快速回答
대화 완성하기

준비시간 • **2초**
답변시간 • **15초**
문 항 수 • **5문항**

1 유형 분석 및 답변 Tip

第三部分：快速回答
제3부분: 대화 완성하기

在这部分试题中，你需要完成五段简单的对话。这些对话出自不同的日常生活情景，在每段对话前，你将看到提示图。请尽量用完整的句子来回答，句子的长短和用词将影响你的分数。请听例句。

이 부분에서는 다섯 단락의 간단한 대화를 완성해야 합니다. 이 대화들은 각기 다른 일상생활의 상황입니다. 각 대화를 듣기 전에 제시된 그림을 보게 됩니다. 최대한 완전한 문장으로 답변해 주십시오. 문장의 길이와 사용 어휘는 당신의 점수에 반영됩니다. 예문을 들어 보십시오.

问题　这个星期六我们一起去爬山，怎么样？
回答1　真不好意思，这个星期六我没有时间。
回答2　真不好意思，这个星期六我得加班，没有时间，所以不能跟你去爬山。

질문　이번 주 토요일에 같이 등산하러 가는 게 어때?
답변1　정말 미안해. 이번 주 토요일에는 시간이 없어.
답변2　정말 미안해. 이번 주 토요일에는 특근해야 하기 때문에 시간이 없어. 그래서 너와 등산하러 갈 수 없어.

两种回答都可以，但第二种回答更完整更详细，你将得到较高的分数。请听到提示音之后开始回答问题。每道题的回答时间是15秒。下面开始提问。

두 가지 대답이 모두 가능하지만, 답변2가 더 완전하고 자세하기 때문에 높은 점수를 받을 수 있습니다. 제시음을 듣고 나서 문제에 답변해 주십시오. 매 문제의 답변시간은 15초입니다. 그럼 질문을 시작하겠습니다.

Point 1   **그림 파악하기**

제3부분의 그림에는 대부분 두 사람이 등장한다. 그중 한 사람은 말하는 사람, 다른 한 사람은 대화를 이어갈 답변자 역할이다. 따라서 질문을 들으며 '이 질문은 그림 속 두 인물 중 누가 말하는 것이며, 나는 그림 속 누구의 입장과 역할을 맡아야 하는가'를 가장 먼저 파악해야 한다. 등장인물들의 옷차림과 소품, 배경 등도 상황을 파악하는 데 도움이 된다.

Point 2   **자신에게 유리한 답변 선택하기**

어떤 제안을 했을 때 자신이 대답하기 쉬운 쪽을 선택하는 것이 좋다. 예를 들어 제안 혹은 요청과 같은 질문에는 찬성할 경우 '마침 그것을 하려고 했다'라는 뉘앙스를 공통적으로 사용할 수 있고, 거절할 경우 시험 전 미리 준비해둔 핑계를 댈 수 있다.

Point 3   **결론 내리기**

약 4초 정도 남았을 때 '그래서 ~할 수 없다'와 같은 결론 문장으로 마무리한다.

Point 4   **적절한 길이의 문장으로 답변하기**

3등급은 2, 3부분의 답변이 가장 중요하기 때문에 빠르고 정확하게 대답해야 한다. 3등급은 2~3문장, 4등급은 3~4문장, 5등급 이상은 4문장 이상 대답한다.

2 제3부분 빈출 주제

1. 선물하기

(MP3) 3-01

问题 ①

（2秒） 提示音 ＿＿＿＿＿（15秒） 结束。

🎙 녹음 대본

你要送人吗？ Nǐ yào sòng rén ma?
선물하려고 하십니까?

💬 모범 답안

是的，因为今天是我爱人的生日，所以我想给我爱人买一块儿手表，这块儿手表多少钱？可以刷卡吗？
네, 오늘이 저희 남편의 생일이어서 남편에게 손목시계 하나 사주려고 해요. 이 시계 얼마인가요? 카드로 결제할 수 있나요？

👈 답변 요령   선물 관련 문제가 자주 출제되니 누구에게 왜 선물하는지 미리 생각해두는 것이 좋다.

📝 단어   **送** sòng 图 선물하다 | **块** kuài 窗 시계·사탕 등을 세는 단위 | **手表** shǒubiǎo 圓 손목시계 | **刷卡** shuākǎ 카드로 결제하다

💡 생각하기   ＿＿＿＿＿＿＿＿＿＿＿＿＿＿＿＿＿＿＿＿＿＿＿＿＿＿＿＿＿
＿＿＿＿＿＿＿＿＿＿＿＿＿＿＿＿＿＿＿＿＿＿＿＿＿＿＿＿＿

확인 문제   그림을 보고 질문에 답하세요.

❶

你买几枝花？

❷

你为什么买这么多礼物？

❸

买这么多吃的做什么？

2. 핑계대기

问题 ①

(2초)　提示音　_____（15초）　结束。

🎤 녹음 대본

放假的时候我们一起去外国旅行怎么样?

Fàngjià de shíhou wǒmen yìqǐ qù wàiguó lǚxíng zěnmeyàng?

휴가 때 우리 같이 외국으로 여행가는 게 어때?

💬 모범 답안

真不好意思，下个月我要参加TSC考试，我得努力学习汉语，所以我不能跟你去旅行。

정말 미안한데, 나는 다음 달에 TSC시험 봐야 하기 때문에 중국어를 열심히 공부해야 해. 그래서 너랑 여행 갈 수 없어.

👉 답변 요령　상대방이 어떤 제안이나 도움을 청할 때 승낙할지 거절할지를 미리 정해놓도록 한다. 그러나 거절을 하며 적절한 핑계를 대면 말을 많이 할 수 있을 뿐만 아니라 사전에 준비한 답안을 말할 수 있어 유리하다.

단어　放假 fàngjià 图 (학교나 직장이) 쉬다, 방학하다 | 时候 shíhou 명 ~때, 무렵 | 外国 wàiguó 명 외국

💡 생각하기　_____

_____

확인 문제　그림을 보고 질문에 답하세요.

❶	❷	❸

这个星期六一起去爬山，怎么样?	我要去买杯咖啡，你想跟我一起去吗?	你帮我翻译一下，好吗?

3. 여가활동

MP3 3-03

问题 ①

（2秒）　提示音　　　（15秒）　　结束。

🎙 **녹음 대본**

周末你打算做什么?

Zhōumò nǐ dǎsuàn zuò shénme?

주말에 무엇을 할 계획이니?

💬 **모범 답안**

周末我想去游泳, 我很喜欢游泳, 我觉得游泳对身体非常好, 所以周末我常常去游泳。

주말에 수영하러 가려고 해. 나는 수영을 아주 좋아해. 수영은 몸에 아주 좋다고 생각해서 주말에 자주 수영하러 가.

👉 **답변 요령**　수영하러 간다고만 답해도 되지만 수영의 이점을 근거로 제시하여 다른 사람과 답안을 다르게 해야 고득점을 받을 수 있다.

📖 **단어**　**周末** zhōumò 몡 주말 | **打算** dǎsuàn 동 ~할 작정이다

💡 **생각하기**

_____

_____

✏️ **확인 문제**　그림을 보고 질문에 답하세요.

❶	❷	❸

明天没有课，你想做什么?	下班以后你一般干什么?	周末你一般做什么?

4. 회사생활

问题 ①

（2초） 提示音 _____（15초） 结束。

🎤 **녹음 대본**

听说你考进了一家新公司, 那家公司怎么样?

Tīngshuō nǐ kǎo jìn le yì jiā xīn gōngsī, nà jiā gōngsī zěnmeyàng?

새 회사에 들어갔다고 들었는데, 그 회사 어때요?

💬 **모범 답안**

我们公司工资高、福利待遇也非常好, 另外我的上司和同事们也非常好, 所以我很满意。

우리 회사는 월급이 많고 복지혜택도 매우 좋아요. 그리고 저희 상사와 동료들도 아주 좋아서 저는 만족합니다.

👉 **답변 요령** 회사에 관한 주제가 나오면 월급, 복지, 상사, 동료 등을 언급한다.

단어 **考** kǎo 통 시험을 보다 | **进** jìn 통 들어가다 | **工资** gōngzī 명 월급 | **福利** fúlì 명 복지, 복리 | **待遇** dàiyù 명 대우 | **满意** mǎnyì 형 만족하다

💡 **생각하기** _____

_____

 확인 문제 그림을 보고 질문에 답하세요.

 ❶

你们公司周末加班吗?

  ❷

你对你的工作满意吗?

 ❸

会议什么时候开始?

5. 물건에 대한 소견 말하기

(MP3) 3-05

问题 ①

🎤 녹음 대본

这是我新买的衣服，你觉得怎么样？
Zhè shì wǒ xīn mǎi de yīfu, nǐ juéde zěnmeyàng?
이것은 내가 새로 산 옷인데, 네가 보기에 어때?

💬 모범 답안

我觉得很漂亮，质量好、式样新，颜色也不错，多少钱？
내가 볼 때 아주 예쁜 것 같아. 품질이 좋고, 디자인이 새롭고 색상도 좋네. 얼마야？

（2秒）　提示音　＿＿＿＿（15秒）　结束。

✒ 답변 요령 　어떤 물건에 대한 소견을 말할 때는 품질, 디자인, 색상, 가격 등을 언급한다.

단어 　新 xīn 형 새롭다 | 漂亮 piàoliang 형 예쁘다 | 质量 zhìliàng 명 품질 | 式样 shìyàng 명 모양, 디자인 | 颜色 yánsè 명 색 |
不错 búcuò 형 괜찮다

💡 생각하기

확인 문제 　그림을 보고 질문에 답하세요.

❶	❷	❸

这件衣服真适合你！	你想要什么样的手机？	这是你新买的手机吗？

MP3 3-11

녹음을 듣고 상황에 어울리게 대답해 보세요.(준비시간: 2초 답변시간: 15초)

1

2

3

4

5

녹음을 듣고 상황에 어울리게 대답해 보세요.(준비시간: 2초 답변시간: 15초)

1

2

3

4

5

녹음을 듣고 상황에 어울리게 대답해 보세요.(준비시간: 2초 답변시간: 15초)

1

2

3

4

5

녹음을 듣고 상황에 어울리게 대답해 보세요.(준비시간: 2초 답변시간: 15초)

1

2

3

4

5

유형마스터 5회

녹음을 듣고 상황에 어울리게 대답해 보세요.(준비시간: 2초 답변시간: 15초)

1

2

3

4

5

MP3 3-21

问题 ①

（3秒）　提示音　＿＿＿＿＿（6秒）＿＿＿＿＿　结束。

问题 ②

（3秒）　提示音　＿＿＿＿＿（6秒）＿＿＿＿＿　结束。

问题 ③

（3秒） 提示音 _____（6秒）_____ 结束。

问题 ④

（3秒） 提示音 _____（6秒）_____ 结束。

问题 **5**

（2秒）　提示音　_____（15秒）_____　结束。

问题 **6**

（2秒）　提示音　_____（15秒）_____　结束。

问题 **7**

（2秒）　提示音　_____（15秒）_____　结束。

问题 ⑧

（2秒） 提示音 ＿＿＿＿＿＿＿＿ （15秒） 结束。

问题 ⑨

（2秒） 提示音 ＿＿＿＿＿＿＿＿ （15秒） 结束。

问题 ①

（3秒） 提示音 ＿＿＿＿＿＿＿（6秒） 结束。

问题 ②

（3秒） 提示音 ＿＿＿＿＿＿＿（6秒） 结束。

问题 ③

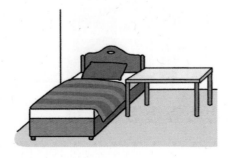

(3秒) 提示音 _____(6秒)_____ 结束。

问题 ④

(3秒) 提示音 _____(6秒)_____ 结束。

问题 ⑤

（2秒）　提示音　_____（15秒）_____　结束。

问题 ⑥

（2秒）　提示音　_____（15秒）_____　结束。

问题 ⑦

（2秒）　提示音　_____（15秒）_____　结束。

问题 ⑧

（2秒） 提示音 ＿＿＿＿＿＿＿（15秒） 结束。

问题 ⑨

（2秒） 提示音 ＿＿＿＿＿＿＿（15秒） 结束。

问题 ①

（3秒） 提示音 ＿＿＿＿＿＿＿（6秒） 结束。

问题 ②

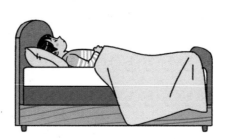

（3秒） 提示音 ＿＿＿＿＿＿＿（6秒） 结束。

问题 ③

（3秒） 提示音 _____（6秒）_____ 结束。

问题 ④

（3秒） 提示音 _____（6秒）_____ 结束。

问题 ⑤

（2秒）　提示音　＿＿＿＿＿＿＿＿（15秒）　结束。

问题 ⑥

（2秒）　提示音　＿＿＿＿＿＿＿＿（15秒）　结束。

问题 ⑦

（2秒）　提示音　＿＿＿＿＿＿＿＿（15秒）　结束。

（2秒）　提示音　　　　　（15秒）　　　　　结束。

问题 ⑨

（2秒）　提示音　　　　　（15秒）　　　　　结束。

问题 ①

（3秒）　提示音 _____（6秒）_____　结束。

问题 ②

（3秒）　提示音 _____（6秒）_____　结束。

问题 ③

（3秒）　提示音　　　　　（6秒）　　　　　结束。

问题 ④

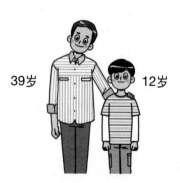

39岁　　12岁

（3秒）　提示音　　　　　（6秒）　　　　　结束。

问题 ⑤

（2秒） 提示音 _____(15秒)_____ 结束。

问题 ⑥

（2秒） 提示音 _____(15秒)_____ 结束。

问题 ⑦

（2秒） 提示音 _____(15秒)_____ 结束。

问题 **8**

（2秒） 提示音 　　（15秒）　　 结束。

问题 **9**

（2秒） 提示音 　　（15秒）　　 结束。

问题 ①

（3秒）　提示音　_____（6秒）_____　结束。

问题 ②

（3秒）　提示音　_____（6秒）_____　结束。

问题 ③

92점

（3秒）　提示音　＿＿＿＿＿＿（6秒）＿＿＿＿＿＿　结束。

问题 ④

（3秒）　提示音　＿＿＿＿＿＿（6秒）＿＿＿＿＿＿　结束。

问题 ⑤

(2秒)　提示音　_____(15秒)_____　结束。

问题 ⑥

(2秒)　提示音　_____(15秒)_____　结束。

问题 ⑦

(2秒)　提示音　_____(15秒)_____　结束。

（2秒）　提示音　_____（15秒）_____　结束。

（2秒）　提示音　_____（15秒）_____　结束。

MEMO

第四部分

简短回答
일상 화제에 대해 설명하기

준비시간 • **15초**
답변시간 • **25초**
문 항 수 • **5문항**

1 유형 분석 및 답변 Tip

第四部分: 简短回答
제4부분: 일상 화제에 대해 설명하기

在这部分试题中，你将听到五个问题。请尽量用完整的句子来回答，句子的长短和用词将影响你的分数。请听例句。

이 부분에서는 다섯개의 질문을 듣게 됩니다. 최대한 완전한 문장으로 대답해 주십시오. 문장의 길이와 사용 어휘는 당신의 점수에 반영됩니다. 예문을 들어 보십시오.

问题 你每天怎么上下班?
回答1 我每天坐地铁上下班。
回答2 我每天坐地铁上下班。坐地铁不堵车，而且很便宜，在地铁里可以看书，还可以听音乐。 所以我常常坐地铁上下班。

질문 당신은 매일 어떻게 출퇴근 합니까?
답변1 저는 매일 지하철을 타고 출퇴근합니다.
답변2 저는 매일 지하철을 타고 출퇴근합니다. 지하철은 차가 막히지 않고 게다가 아주 쌉니다. 지하철 안에서 책을 볼 수도 있고 음악도 들을 수 있습니다. 그래서 저는 자주 지하철을 타고 출퇴근합니다.

两种回答都可以，但第二种回答更完整更详细，你将得到较高的分数。请听到提示音之后开始回答问题。每道题请你用15秒思考，回答时间是25秒。下面开始提问。

두 가지 대답이 모두 가능하지만, 답변2가 더 완전하고 자세하기 때문에 높은 점수를 받을 수 있습니다. 제시음을 듣고 나서 문제에 답변을 시작해 주십시오. 매 문제의 준비시간은 15초이고 답변시간은 25초입니다. 그럼 질문을 시작하겠습니다.

Point 1 | **준비시간 15초 최대 활용하기**

그림이 없는 대신에 한자가 제시되므로 녹음을 들을 때 한자도 같이 보면 뜻을 파악하는 데 도움이 된다. 그다음 답변을 준비할 때 본인의 중국어 실력에 맞는 문장을 구사하는 것이 가장 중요하다.

Point 2 | **핵심 한 문장으로 답변 시작하기**

제4부분의 중국어 제목은 '간단하게 대답하기'이므로 답변의 첫 문장에 핵심 문장을 말한다. 그다음 이유를 제시하는 것이 듣는 사람의 궁금증을 해소해줌으로써 좋은 인상을 줄 수 있다.

Point 3 | **핵심 문장 뒷받침하기**

핵심 문장을 뒷받침할 수 있는 설명이나 이유를 제시한다. 답변시간 25초를 중요하지 않은 말로 다 채우기보다는 답변의 질이 더욱 중요하므로 확신있는 부분만 서술하는 것이 좋다. 또한 '一边……一边……', '不过/可是……', '不仅……而且……', '因为……所以……', '虽然……但是……' 등 적절한 접속사를 사용하면 문장의 연결이 자연스럽다.

Point 4 | **간단한 결론으로 마무리하기**

도입, 전개를 모두 잘 해도 마무리가 깔끔하지 않으면 고득점할 수 없으므로 정리된 문장으로 마무리한다. 또한 수시로 시간을 체크하면서 말이 잘리지 않게 주의한다.

Point 5 | **적절한 길이의 문장으로 답변하기**

4등급은 4~6문장, 5등급 이상은 7문장 이상 대답한다.

2 제4부분 빈출 주제

1. 교통

 4-01

问题 ①

🎙 녹음 대본

上下班的时候，你坐地铁还是自己开车?

（15秒）　提示音　＿＿＿（25秒）＿＿＿　结束。

출퇴근할 때 당신은 지하철을 탑니까, 아니면 운전을 합니까?

💬 모범 답안

我每天坐地铁上班，坐地铁不堵车，而且很便宜，在地铁里可以看书，还可以听音乐，非常方便，所以我常常坐地铁上下班。

'~할 수도 있고 ~할 수도 있다'

저는 매일 지하철을 타고 출근합니다. 지하철을 타면 차가 막히지 않고 게다가 아주 저렴합니다. 지하철 안에서는 책도 볼 수 있고 음악도 들을 수 있어 매우 편리합니다. 그래서 저는 자주 지하철을 타고 출퇴근합니다.

👉 답변 요령　출퇴근 및 대중 교통수단 관련 문제가 자주 출제되니 모범 답안을 외워 두도록 한다. 대표적인 교통수단 몇 가지와 그것의 장단점을 외워두면 좋다.

📝 단어　上下班 shàngxiàbān 명동 출퇴근(하다) | 堵车 dǔchē 동 차가 막히다 | 方便 fāngbiàn 형 편리하다

💡 생각하기

확인 문제　다음 질문에 답하세요.

❶ 如果条件允许的话，你会骑自行车上下班吗?

❷ 你经常乘坐什么交通工具?

❸ 跟十年前比，韩国的交通状况发生了哪些变化?

2. 회사

问题 ①

🎙 녹음 대본

一年当中，你们公司什么时候最忙?

(15秒) 提示音 _____ (25秒) 结束。

1년 중 당신의 회사는 언제 가장 바쁩니까?

💬 모범 답안

→ 每天과 都는 함께 사용하는 것이 더 자연스럽다.

我们公司每天都很忙，每天八点上班，十点下班，周末经常加班，所以没有时间运动，也没有时间见朋友，我觉得非常累。

우리 회사는 매일 바쁩니다. 매일 8시 출근하고 10시에 퇴근하며 주말에는 자주 특근합니다. 그래서 저는 운동할 시간이 없고 친구 만날 시간도 없습니다. 너무 힘든 것 같습니다.

👉 답변 요령 바쁜 시기를 묻는 질문에 연말이나 연초와 같이 특정 시기를 정하면 답변하기 어려우므로 매일 바쁘다고 하는 것이 유리하다.

단어 当中 dāngzhōng 몡 그 가운데

💡 생각하기

확인 문제 다음 질문에 답하세요.

❶ 一天中最忙的时候是什么时候?

❷ 如果你们公司搬家的话，你希望搬到什么地方? 为什么?

❸ 你不喜欢什么样的上司?

3. 여가생활 4-03

问题 ①

🎙 녹음 대본

星期五下班以后，你一般做什么?

(15秒) 提示音 _____ (25秒) 结束。

금요일 퇴근 후 당신은 보통 무엇을 합니까?

💬 모범 답안

我喜欢喝酒，也喜欢交朋友，所以星期五下班以后，我一般跟朋友们一起去喝酒，一边喝酒一边聊天儿，不仅可以缓解压力，还可以放松一下，我觉得非常好。

└→ 一边뒤에 동사가 와서 '~하면서 ~하다'의 뜻을 나타낸다.

저는 술 마시는 것을 좋아하고 친구 사귀는 것도 좋아합니다. 그래서 금요일 퇴근하면 저는 보통 친구들과 함께 술 마시러 갑니다. 술을 마시면서 이야기를 하면 스트레스도 풀 수 있고 긴장도 풀 수 있어 아주 좋다고 생각합니다.

👉 답변 요령 금요일, 주말 혹은 쉴 때 무엇을 하느냐는 질문에 모두 위와 같이 답변할 수 있다.

📝 단어 交 jiāo 图 사귀다 | 不仅 bùjǐn 圙 ~일 뿐만 아니라 | 缓解 huǎnjiě 图 완화시키다 | 压力 yālì 몡 스트레스, 압력 | 放松 fàngsōng 图 긴장을 풀다

💡 생각하기 _____

_____

확인 문제 다음 질문에 답하세요.

❶ 你喜欢什么运动?

❷ 你喜欢看什么电视节目?

❸ 你觉得你的文化生活丰富吗?

4. 인터넷

问题 ①

🎙 **녹음 대본**

你每天上网吗? 请简单谈一谈。

(15秒) 提示音 _____ (25秒) 结束。

당신은 매일 인터넷을 합니까? 간단하게 말해 보세요.

💬 **모범 답안**

'~에 도착한 다음'

我每天都上网, 早上上班的时候, 我在地铁
里上网看新闻、看电视。到公司以后, 我上
网收发电子邮件, 下班以后, 我喜欢在家里
上网聊天儿。

저는 매일 인터넷을 합니다. 아침에 출근할 때 지하철 안
에서 뉴스와 TV를 봅니다. 회사에 도착하면 인터넷으로
이메일을 주고받고, 퇴근하면 집에서 인터넷으로 채팅하
는 것을 좋아합니다.

👉 **답변 요령** 上班的时候 → 到公司以后 → 下班以后와 같이 시간 순서대로 조리 있게 서술하는 것이 좋다.

단어 简单 jiǎndān 휑 간단하다 | 谈 tán 동 이야기하다 | 新闻 xīnwén 명 뉴스 | 到 dào 동 도착하다 | 收发 shōufā 동 (이메일을)
주고 받다 | 电子邮件 diànzǐ yóujiàn 명 이메일 | 聊天儿 liáotiānr 동 잡담을 하다

💡 **생각하기** _____

_____

확인 문제 다음 질문에 답하세요.

❶

你一般什么时候上网?

❷

你常在网上购物吗?

❸

因特网给我们的生活带
来了哪些好处?

5. 쇼핑

MP3 4-05

问题 ①

🎙 녹음 대본

你喜欢跟谁一起去买衣服?

（15秒）　提示音　＿＿＿＿（25秒）　　结束。

당신은 누구와 함께 옷 사러 가는 것을 좋아합니까?

💬 모범 답안

买衣服的时候，我喜欢跟我的朋友一起去，我觉得跟朋友一起逛街很有意思，我们可以一边逛街一边聊天儿，还可以互相参谋，买完衣服以后，我们经常一起吃饭。

→ '~을 다 한 다음'

옷을 살 때 저는 친구와 함께 가는 것을 좋아합니다. 친구와 함께 아이쇼핑을 하면 재미있습니다. 우리는 아이쇼핑을 하면서 이야기를 할 수도 있고, 서로 조언도 해 줄 수 있습니다. 옷을 다 산 다음 우리는 자주 함께 식사를 합니다.

👉 답변 요령　문장을 단조롭게 나열하는 것보다 적절한 접속사를 이용하면 문장 간의 연결이 훨씬 자연스럽다.

📖 단어　逛街 guàngjiē 图 길거리를 한가로이 거닐며 구경하다, 아이쇼핑하다 | 一边……一边…… yìbiān……yìbiān…… ~하면서 ~하다 | 互相 hùxiāng 图 서로 | 参谋 cānmóu 图 조언하다

💡 생각하기 ＿＿＿＿＿＿＿＿＿＿＿＿＿＿＿＿＿＿＿＿＿＿

＿＿＿＿＿＿＿＿＿＿＿＿＿＿＿＿＿＿＿＿＿＿＿＿

확인 문제　다음 질문에 답하세요.

❶ 你一般在哪儿买衣服? 为什么?

❷ 买东西的时候，你先看价格还是质量? 为什么?

❸ 你常常买刚刚上市的新产品吗?

(MP3) 4-11

녹음을 듣고 대답해 보세요.(준비시간: 15초 답변시간: 25초)

1

你们公司聚餐的时候，一般吃什么？

2

你毕业的学校，周围环境怎么样？

3

退休以后你打算做什么？

4

你喜欢什么样的老师？

5

在家工作好还是在公司工作好？

녹음을 듣고 대답해 보세요.(준비시간: 15초 답변시간: 25초)

1

你养过狗吗?

2

去外国旅游的时候，你买当地的土特产或者纪念品吗?

3

你觉得现在韩国的大学学费高不高?

4

你一般通过什么方式买书?

5

你们公司是什么样的公司? 请你简单介绍一下。

(MP3) 4-13

녹음을 듣고 대답해 보세요.(준비시간: 15초 답변시간: 25초)

1

你每天上网吗? 请简单谈一谈。

2

你一般什么时候用信用卡?

3

去旅游的时候，你喜欢去安静的地方，还是热闹的地方?

4

你的性格怎么样?

5

你喜欢吃面包、点心和水果之类的食品吗?

녹음을 듣고 대답해 보세요.(준비시간: 15초 답변시간: 25초)

1

最近你经常跟谁联系?

2

上班的时候，你穿什么样的衣服?

3

坐地铁、坐公共汽车时，有没有坐过站的经历?

4

如果有两个星期的假期的话，你最想做什么?

5

你住的城市堵车吗?

(MP3) 4-15

녹음을 듣고 대답해 보세요.(준비시간: 15초 답변시간: 25초)

1

你参加过运动比赛吗?

2

你每天花多少零用钱?

3

你常常看电视吗?

4

你喜欢穿什么样的衣服?

5

你觉得保养皮肤的最好方法是什么?

MEMO

第五部分

拓展回答
논리적으로 답하기

준비시간 • 30초
답변시간 • 50초
문 항 수 • 4문항

1 유형 분석 및 답변 Tip

第五部分：拓展回答
제5부분: 논리적으로 답하기

在这部分试题中，你将听到四个问题，请发表一下你的观点和看法，请尽量用完整的句子来回答，句子的长短和用词将影响你的分数。请听例句。

이 부분에서는 네 개의 질문을 듣게 됩니다. 당신의 관점과 견해를 말해 보세요. 최대한 완전한 문장으로 답변해 주십시오. 문장의 길이와 사용 어휘는 당신의 점수에 반영됩니다. 예문을 들어 보십시오.

问题　手机给我们的生活带来的好处多还是坏处多？

回答1　我觉得手机给我们的生活带来的好处更多。

回答2　我觉得手机给我们的生活带来的好处更多。用手机可以上网看新闻、看电视、看电影、听音乐、玩儿游戏、聊天儿，但是每天用手机的时间过长的话，对身体不好，所以要适可而止。

질문　휴대 전화가 우리 생활에 가져다주는 좋은 점이 많다고 생각합니까, 아니면 나쁜 점이 많다고 생각합니까?

답변1　저는 휴대 전화가 우리 생활에 가져다주는 좋은 점이 더 많다고 생각합니다.

답변2　저는 휴대 전화가 우리 생활에 가져다주는 좋은 점이 더 많다고 생각합니다. 휴대 전화로 인터넷에 접속하여 뉴스, TV, 영화를 볼 수 있고, 음악을 들을 수 있고, 게임, 채팅도 할 수 있습니다. 그러나 매일 휴대 전화를 너무 오랫동안 사용하면 몸에 안 좋기 때문에 적당히 사용해야 합니다.

两种回答都可以，但第二种回答更完整更详细，你将得到较高的分数。请听到提示音之后开始回答问题。每道题请你用30秒思考，回答时间是50秒。下面开始提问。

두 가지 대답이 모두 가능하지만, 답변2가 더 완전하고 자세하기 때문에 높은 점수를 받을 수 있습니다. 제시음을 듣고 나서 문제에 답변해 주십시오. 매 문제의 준비시간은 30초이고 답변시간은 50초입니다. 그럼 질문을 시작하겠습니다.

Point 1 **준비시간 30초 최대 활용하기**

녹음을 들을 때 중요하거나 어려운 한자음은 따라서 말해 보는 것이 좋다. 그다음 30초의 준비 시간 동안 질문에 대한 자신의 생각을 정리하는데, 서론, 본론, 결론으로 나누어 정리한다.

Point 2 **도입은 짧고 굵게 결론부터 말하기**

제5부분은 어떤 일의 장단점이나 찬성 여부에 대한 질문이 많다. 그러므로 첫 시작은 자신의 의견을 대표하는 한 문장으로 말하도록 한다.

Point 3 **이유·근거를 제시하거나 답변 내용을 설명하기**

제5부분은 논리적으로 답해야 하므로 자신의 주장이나 관점에 대한 적절한 근거를 체계적으로 제시해야 한다. 그리고 질문이 어렵다고 해서 답변도 어렵게 해야 하는 것은 아니다. 본인의 실력에 맞는 문장으로 논리적으로 답하는 것이 좋으며 기본적으로 문법을 정확하게 사용하는 것 이외에, 다소 난이도가 있는 어휘나 문구를 사용하면 보다 높은 등급을 받을 수 있다.

Point 4 **본인의 견해나 생각으로 마무리하기**

마지막으로 본인의 견해나 생각으로 마무리하는데, 일반적으로 긍정적이고 희망적인 결론을 내리는 것이 더 좋다.

Point 5 **적절한 길이의 문장으로 답변하기**

4등급은 5~6문장, 5등급 이상은 6문장 이상 대답한다.

2 제5부분 빈출 주제

1. 결혼

 5-01

问题 ①

🎙 녹음 대본

最近结婚年龄越来越晚，你觉得原因是什么？请谈谈你的看法。

（30秒）　提示音　＿＿＿＿（50秒）　结束。

최근 결혼 연령이 점점 늦어지고 있는데, 원인이 무엇이라고 생각합니까? 당신의 견해를 말해 보세요.

💬 모범 답안

现在经济不景气，找工作越来越难，但是物价却非常高，年轻人又没工作又没钱，所以结婚越来越晚。晚结婚的话，对父母和孩子都不好，所以政府应该想办法解决这个问题。

'~도 없고 ~도 없다'

지금 경제가 불경기이어서 일자리 찾기가 점점 어려운 반면 물가는 오히려 아주 높습니다. 젊은이들은 일자리도 없고 돈도 없어 결혼을 점점 늦게 합니다. 결혼을 늦게 하면 부모와 아이에게 모두 좋지 않습니다. 그래서 정부는 마땅히 방법을 구해 이 문제를 해결해야 합니다.

👉 답변 요령　제5부분은 논리적으로 답해야하므로 적절한 접속사를 사용하는 것이 고득점의 팁이다.

단어　**年龄** niánlíng 몡 연령 | **原因** yuányīn 몡 원인 | **不景气** bùjǐngqì 몡 불경기 | **物价** wùjià 몡 물가 | **却** què 틘 도리어, 오히려 | **政府** zhèngfǔ 몡 정부 | **办法** bànfǎ 몡 방법 | **解决** jiějué 동 해결하다 | **问题** wèntí 몡 문제

💡 생각하기

확인 문제　다음 질문에 답하세요.

❶
你觉得多大年龄结婚最合适？

❷
现在离婚率越来越高，请说说原因。

❸
最近年轻人找对象的时候，很重视对方的经济条件，对此请谈谈你的看法。

2. 교육

问题 ①

🎙️ 녹음 대본

有些人认为父母应该对孩子严格一点儿，请谈谈你的看法。

(30秒)　提示音　＿＿＿＿＿（50秒）　结束。

어떤 사람들은 부모가 아이에게 엄하게 대해야 한다고 생각합니다. 당신의 견해를 말해 보세요.

💬 모범 답안

我认为父母应该对孩子严格一点儿。小时候，孩子很听话，所以如果父母对孩子严格一点儿的话，孩子会养成很多好的习惯，比如早睡早起，尊敬老人，帮助别人，努力学习等等，这样大家都会喜欢。

저는 부모가 아이에게 좀 엄하게 대해야 한다고 생각합니다. 어릴 때 아이들은 말을 아주 잘 듣기 때문에 부모님들이 아이에게 조금 엄하게 대하면 아이는 좋은 습관을 많이 기를 수 있습니다. 예컨대 일찍 자고 일찍 일어나기, 어른 존경하기, 남 도와주기, 열심히 공부하기 등입니다. 그러면 모두가 좋아할 것입니다.

👉 답변 요령 질문이 어렵다고 해서 반드시 답변도 어렵게 하는 것은 아니다. 본인의 실력에 알맞은 단어와 표현을 사용하는 것이 훨씬 자연스럽다.

단어 认为 rènwéi 图 여기다, 생각하다 | 严格 yángé 图 엄격하다 | 养成 yǎngchéng 图 양성하다, 기르다 | 习惯 xíguàn 图 습관, 버릇 | 早睡早起 zǎo shuì zǎo qǐ 일찍 자고 일찍 일어나다 | 尊敬 zūnjìng 图 존경하다

💡 생각하기 ＿＿＿＿＿＿＿＿＿＿＿＿＿＿＿＿＿＿＿＿＿＿＿＿＿＿＿＿＿＿＿＿＿＿＿

확인 문제 다음 질문에 답하세요.

❶ 现在很多父母送孩子去各种各样的补习班，你同意这种做法吗？

❷ 为了学习外语，你会去留学吗？为什么？

❸ 在你们国家中学课程中，什么地方需要改进？

3. 환경

 5-03

问题 ①

🎙 녹음 대본

你经常使用一次性用品吗? 为什么?

(30秒)　提示音　＿＿＿＿(50秒)　结束。

당신은 자주 일회용품을 사용합니까? 이유는?

💬 모범 답안

我经常使用一次性用品。因为一次性用品用起来非常方便，而且很卫生，特别是在外边吃饭、买东西和旅游的时候，我喜欢用纸杯、一次性筷子和塑料袋儿。当然用一次性用品会污染环境，所以我们应该尽量少用。

→ '사용하기에'

저는 일회용품을 자주 사용합니다. 그 이유는 일회용품은 사용하기 아주 편리하고 위생적이기 때문입니다. 특히 밖에서 식사할 때 쇼핑할 때와 여행할 때, 저는 종이컵, 일회용 젓가락과 비닐봉지를 사용하기 좋아합니다. 물론 일회용품은 환경을 오염시키기 때문에 우리는 되도록 적게 사용해야 합니다.

👉 답변 요령　대답할 때 기본적으로 문법을 정확하게 사용하는 것 이외에, 난이도가 있는 어휘나 문구를 사용하면 보다 높은 등급을 받을 수 있다.

📖 단어　**一次性用品** yícìxìng yòngpǐn 몡 일회용품 | **卫生** wèishēng 혱 위생적이다 | **纸杯** zhǐbēi 몡 종이컵 | **筷子** kuàizi 몡 젓가락 | **塑料袋儿** sùliàodàir 비닐봉지 | **尽量** jǐnliàng 뷔 되도록

💡 생각하기

＿＿＿＿＿＿＿＿＿＿＿＿＿＿＿＿＿＿＿＿

확인 문제　다음 질문에 답하세요.

❶ 为了减少使用一次性用品，我们应该采取什么措施？请谈谈你的看法。

❷ 在超市里不免费提供塑料袋儿，这对保护环境有帮助吗？请谈谈你的看法。

❸ 请谈谈你对环境污染问题的看法。

4. 인물

MP3 5-04

问题 ①

🎙 녹음 대본

你理想的丈夫或妻子是什么样的?

（30秒）　提示音　　　（50秒）　　　结束。

당신의 이상적인 남편 혹은 아내는 어떤 사람입니까?

💬 모범 답안

我希望我的丈夫或妻子性格好，还要有能力，遇到困难的时候经常帮助我、鼓励我，而不是发火，我觉得这样的丈夫或妻子是最理想的。但是，在生活中很难遇到这样的人。

└──▶ '생활 속에서'

저는 저희 남편 혹은 아내가 성격이 좋고 능력도 있으면 좋겠습니다. 어려움에 처해 있을 때 저를 도와주고 격려해주며, 화내지 않았으면 합니다. 저는 이러한 남편 혹은 아내가 가장 이상적이라고 생각합니다. 그러나 일상 생활 속에서 이런 사람을 만나는 것은 힘듭니다.

👉 답변 요령 좋아하는 인물 혹은 누군가를 소개하는 질문에는 배우자, 선생님, 상사, 친구, 가족 할 것 없이 모두 성격이 좋고 능력이 있으며, 내가 어려움에 처해있을 때 나를 도와주고 격려해 준다고 답할 수 있다.

단어 理想 lǐxiǎng 혱 이상적이다 | 丈夫 zhàngfu 몡 남편 | 或 huò 젭 혹은 | 妻子 qīzi 몡 아내

💡 생각하기

확인 문제 다음 질문에 답하세요.

❶ 请你评价一下你的上司。

❷ 你们公司的老板喜欢什么样的职员？请谈一谈你的看法。

❸ 有人说上司应该对下属严格一些，你赞成这个观点吗？

5. 도시와 농촌

 MP3 5-05

问题 ①

🎤 녹음 대본

你认为在市中心生活好，还是在郊外生活好？为什么？

(30秒)　提示音　＿＿＿＿＿(50秒)　结束。

당신은 도시 중심 지역에서 생활하는 것이 좋다고 생각합니까? 아니면 도시의 주변 지역에서 생활하는 것이 좋다고 생각합니까? 이유는?

💬 모범 답안

我觉得在市中心生活更好，因为市中心交通四通八达，非常方便，但是如果在郊区生活的话，交通很不方便，所以上下班需要很长时间。另外，在市中心有很多医院、学校、银行和商店，所以生活环境和教育环境都非常好。

저는 도시 중심 지역에서 생활하는 것이 더 좋다고 생각합니다. 왜냐하면 도시 중심 지역은 교통이 사면으로 통해 아주 편리합니다. 그러나 도시 주변 지역에서 생활하면 교통이 아주 불편하기 때문에 출퇴근할 때 시간이 많이 걸립니다. 그리고 도시 중심 지역에는 병원, 학교, 은행과 상점이 많이 있어 생활환경과 교육환경이 모두 좋습니다.

👉 답변 요령　반드시 사실대로 답할 필요는 없다. 본인이 답하기 쉬운 쪽을 선택하는 것이 유리하다.

🔤 단어　**市中心** shìzhōngxīn 몡 시내 한 복판 | **郊外** jiāowài 몡 교외, 도시 주변 지역

💡 생각하기　＿＿＿＿＿＿＿＿＿＿＿＿＿＿＿＿＿＿＿＿＿
＿＿＿＿＿＿＿＿＿＿＿＿＿＿＿＿＿＿＿＿＿＿＿＿＿＿

확인 문제　다음 질문에 답하세요.

❶
你认为农村和城市，哪儿更适合孩子的成长？

❷
最近人们都喜欢在大都市里生活，对此你有什么看法？

❸
请谈谈在大城市生活的好处。

녹음을 듣고 대답해 보세요.(준비시간: 30초 답변시간: 50초)

1

你觉得家里要有电视吗? 理由是什么?

2

你喜欢在国内工作还是在海外工作? 为什么?

3

在你的朋友当中，有做整容手术的吗?

4

你觉得严肃的工作气氛好，还是轻松的工作气氛好? 为什么?

MP3 5-12

녹음을 듣고 대답해 보세요.(준비시간: 30초 답변시간: 50초)

1

如果能回到学生时代，你会去外国留学吗？ 为什么？

2

作为公司的一员，一定要参加公司的聚餐吗？

3

在网上购物的时候，人们会冲动购物，你对这种现象有什么看法？

4

我们应该怎样预防酒后驾车？ 请谈谈你的看法。

MP3 5-13

녹음을 듣고 대답해 보세요.(준비시간: 30초 답변시간: 50초)

1

现在青少年非常注重外貌，你认为他们受谁的影响最大？

2

你买过旧电脑、旧汽车等二手货吗？为什么？

3

现在很多人非常重视公司的福利待遇，对此你有什么看法？

4

最近私家车越来越多，这种现象对我们的社会会产生什么影响？

谈谈你对这一现象的看法。

녹음을 듣고 대답해 보세요.(준비시간: 30초 답변시간: 50초)

1

现在很多年轻人花很多钱买新款手机，对此你有什么看法？

2

有的人喜欢在人多的地方大声喧哗，对此你有什么看法？

3

你认为招聘新职员的时候，一定要经过面试吗？

4

有人认为多建动物园，对保护野生动物有很大的帮助，对此你有什么看法？

MP3 5-15

녹음을 듣고 대답해 보세요.(준비시간: 30초 답변시간: 50초)

1

现代社会快餐的消费越来越大，你觉得主要原因是什么?

2

销售产品的时候，有人认为企业需要做广告，你同意这种观点吗?

3

你觉得最近人们肥胖的原因是什么?

4

父母定期给孩子零用钱，有什么好处?

问题 ①

你喜欢看书吗？

（15秒）　提示音　_____（25秒）_____　结束。

问题 ②

早上准备上班的时候，你一般需要多长时间？

（15秒）　提示音　_____（25秒）_____　结束。

问题 ③

别人拜托你的时候，你会拒绝还是接受？

（15秒）　提示音　_____（25秒）_____　结束。

问题 ④

你一般什么时候拍照?

（15秒） 提示音 _____（25秒）_____ 结束。

问题 ⑤

你每天学习汉语吗?

（15秒） 提示音 _____（25秒）_____ 结束。

问题 6

选择大学的时候，最重要的是什么?

（30秒）　提示音　　＿＿＿（50秒）＿＿＿　　结束。

问题 7

医学的进步给我们现代人带来了什么?

（30秒）　提示音　　＿＿＿（50秒）＿＿＿　　结束。

问题 ⑧

企业在招聘职员的时候，不招聘正式职员，而通过合同的方式雇佣职员，理由是什么？

(30秒)　提示音　＿＿＿＿＿（50秒）＿＿＿＿＿　结束。

问题 ⑨

现在把每个月的工资都花光的人叫"月光族"，对此你有什么看法？

(30秒)　提示音　＿＿＿＿＿（50秒）＿＿＿＿＿　结束。

问题 ①

你每天看新闻吗?

(15秒)　提示音　————(25秒)————　结束。

问题 ②

用电脑可以做什么?

(15秒)　提示音　————(25秒)————　结束。

问题 ③

你给别人送过现金吗?

(15秒)　提示音　————(25秒)————　结束。

问题④

你觉得什么样的上司是理想的上司?

(15秒)　提示音　　　　(25秒)　　　　　结束。

问题⑤

听到你被公司录取以后,你的心情怎么样?

(15秒)　提示音　　　　(25秒)　　　　　结束。

问题 ⑥ —————————————————————————

在大企业和中小企业中，你希望在哪儿工作?

(30秒)　提示音　————(50秒)————　结束。

问题 ⑦ —————————————————————————

你觉得因特网上传播的信息可信吗?

(30秒)　提示音　————(50秒)————　结束。

问题 ⑧

随着生活节奏的加快，你认为未来的生活会更好吗？

(30秒)　提示音　_____(50秒)_____　结束。

问题 ⑨

你怎么看待上班族辞职以后去外国留学这一现象？

(30秒)　提示音　_____(50秒)_____　结束。

问题 ①

你经常做菜吗?

（15秒）　提示音　　　　（25秒）　　　　结束。

问题 ②

你能跟陌生人很快亲近起来吗?

（15秒）　提示音　　　　（25秒）　　　　结束。

问题 ③

上下班的时候，你一般要多长时间?

（15秒）　提示音　　　　（25秒）　　　　结束。

问题 ④

你希望你们公司附近有什么商店?

（15秒）　提示音　_____（25秒）_____　结束。

问题 ⑤

你减过肥吗? 请谈谈你对减肥的看法。

（15秒）　提示音　_____（25秒）_____　结束。

问题 ⑥

请谈谈英语的重要性。

（30秒）　提示音　＿＿＿＿（50秒）＿＿＿＿　结束。

问题 ⑦

选择结婚对象时，最重要的条件是什么?

（30秒）　提示音　＿＿＿＿（50秒）＿＿＿＿　结束。

问题 8

没有手机的话，会有哪些不便之处？

（30秒）　提示音　＿＿＿＿＿（50秒）＿＿＿＿＿　结束。

问题 9

有人建议为了减轻孩子的学习负担，应该缩短上课时间，减少课本内容，请谈谈你的看法。

（30秒）　提示音　＿＿＿＿＿（50秒）＿＿＿＿＿　结束。

MP3 5-24

问题 ①

现在你们国家天气怎么样?

(15秒) 提示音 _____(25秒)_____ 结束。

问题 ②

你喜欢看棒球、足球等体育比赛吗?

(15秒) 提示音 _____(25秒)_____ 结束。

问题 ③

你跟你们公司的同事关系怎么样?

(15秒) 提示音 _____(25秒)_____ 结束。

有空的时候，你看杂志、书还是报纸？

（15秒） 提示音 _____（25秒）_____ 结束。

你存钱吗？如果存钱的话，你一般存收入的百分之多少？

（15秒） 提示音 _____（25秒）_____ 结束。

问题 ⑥

你认为你们国家的房价高吗？请谈谈你的看法。

（30秒） 提示音 _____(50秒)_____ 结束。

问题 ⑦

工作和家庭，你觉得哪个更重要？为什么？

（30秒） 提示音 _____(50秒)_____ 结束。

你认为最近老年人和年轻人之间的代沟严重吗？

（30秒） 提示音 _____（50秒）_____ 结束。

营销工作和行政工作之中，你更喜欢哪一种工作？

（30秒） 提示音 _____（50秒）_____ 结束。

问题 ①

你一般什么时候上网?

(15秒)　提示音　　　(25秒)　　　结束。

问题 ②

你常常见以前的朋友吗?

(15秒)　提示音　　　(25秒)　　　结束。

问题 ③

你有没有花很多钱要买的东西?

(15秒)　提示音　　　(25秒)　　　结束。

问题 ④ ─────────────────────────────

学习汉语的时候，你有什么特别的方法吗？

（15秒） 提示音 _____（25秒）_____ 结束。

问题 ⑤ ─────────────────────────────

工作的时候，你常常跟客户见面吗？

（15秒） 提示音 _____（25秒）_____ 结束。

问题 ⑥

公司给你很多奖金的话，你会用这笔钱做什么?

(30秒)　提示音　_____(50秒)_____　结束。

问题 ⑦

人际关系好的人有哪些特点?

(30秒)　提示音　_____(50秒)_____　结束。

在公司里什么样的人比较受欢迎？

（30秒） 提示音 _____（50秒）_____ 结束。

最近工作的女人越来越多了，这会影响你们国家的出生率吗？

（30秒） 提示音 _____（50秒）_____ 结束。

第六部分

情景应对
상황 대응

준비시간 • 30초
답변시간 • 40초
문 항 수 • 3문항

① 유형 분석 및 답변 Tip

第六部分: 情景应对
제6부분: 상황 대응

在这部分试题中，你将看到提示图，同时还将听到中文的情景叙述。假设你处于这种情况之下，你将如何应对。请尽量用完整的句子来回答，句子的长短和用词将影响你的分数。请听到提示音之后开始回答问题。每道题请你用30秒思考，回答时间是40秒。下面开始提问。

이 부분에서는 제시된 그림을 보고 동시에 중국어로 상황을 듣습니다. 당신이 이런 상황에 처해 있다고 가정하고 어떻게 대응할 것인지 최대한 완전한 문장으로 대답해 주십시오. 문장의 길이와 사용 어휘는 당신의 점수에 반영됩니다. 매 문제의 준비시간은 30초이고 답변시간은 40초입니다. 그림 질문을 시작하겠습니다.

问题 女儿要去外国旅游，作为爸爸嘱咐一下女儿应该注意的事项。

回答 亲爱的孩子，去外国旅游的时候，一定要注意饮食，不要乱吃东西。不要带太多现金，信用卡也不要带太多，带一张就可以啦。另外要注意安全，晚上不要一个人出去。

질문 딸이 외국으로 여행 가려고 합니다. 아빠로서 딸에게 주의해야 할 사항을 당부해 보세요.

답변 사랑하는 우리 딸, 외국에서 여행할 때는 음식을 꼭 주의해야 해. 아무거나 마구 먹지 마. 현금도 너무 많이 휴대하지 말고, 신용카드도 많이 가지고 가지 마. 한 장이면 돼. 그리고 안전에 유의하고 저녁에는 혼자 나가지 말렴.

Point 1 ▶ **준비시간 30초 최대 활용하기**

제6부분은 상대적으로 긴 질문이 주어지며, 그림과 한자가 모두 제시된다. 수험자가 주어진 상황을 해결하도록 요구하기 때문에 질문을 정확하게 파악해야 한다. 한자나 녹음으로 파악할 수 없을 때는 그림을 자세히 보는 것이 도움이 된다. 예컨대 속상해 있는 사람을 다독이는 그림은 격려하는 문제이고, 아파서 병원에서 사무실로 전화하는 그림은 병가를 청하는 문제이다.

Point 2 ▶ **인사하기**

제6부분 상황 대응 문제는 크게 전화 걸기와 실제 대면 대화로 나뉜다. 따라서 답변의 도입에 인사부터 나누도록 한다. 인사할 때 대화 상대에 따라 인사 내용도 적절하게 표현하는 것이 좋다. 또한, 상대방에게 적절한 호칭을 사용하면 더욱 생동감 있는 답변이 될 수 있으므로 미리 중국어 이름이나 호칭을 정해놓는 것이 좋다.

Point 3 ▶ **문제 해결 과정 및 상황 설명하기**

자신이 해당 상황에 처해있다고 생각하고 상대방에게 말하듯이 답변해야 하며, 질문에서 제시한 요구 사항에 맞도록 격려ㆍ설득ㆍ거절ㆍ위로ㆍ칭찬의 말을 정확하고 자연스럽게 표현해야 한다. 이외에도 그림에 없는 살을 덧붙여서 이야기의 전개를 풍부하게 하는 것이 관건이다.

Point 4 ▶ **격려ㆍ아쉬움ㆍ해결 대안을 제시하기**

상황에 따라 감사ㆍ격려ㆍ축하ㆍ아쉬움ㆍ해결 대안을 제시하면서 마무리 한다.

Point 5 ▶ **적절한 길이의 문장으로 답변하기**

4등급은 4~6문장, 5등급 이상은 6문장 이상 대답한다.

제6부분 파헤치기

🔍 제6부분 질문 이해하기

유형	질문
타이르기	请你劝他。 / 请你劝劝他。 그에게 충고해 보세요. 你怎么劝他? 그를 어떻게 타이를 것입니까? 请你劝你的朋友运动吧。 친구에게 운동하라고 타일러 보세요.
위로하기	请你安慰一下他。 그를 위로해 주세요.
상황 설명하기	请你给～打电话说明一下那时的情况。 ～에게 전화하여 그때 상황에 대해 설명해 보세요. 请你向服务员说明一下情况。 종업원에게 상황 설명을 해 보세요.
견해 말하기	请谈谈你的看法。 당신의 견해를 말해 보세요. 你对～有什么看法? ～대해 어떻게 생각하십니까? 请说说看。 말해 보세요. 你怎么看? / 你怎么看待? 어떻게 생각하십니까?
찬성여부	你同意～吗? ～에 대해 동의하십니까? 你赞同～吗? ～에 대해 찬성하십니까?
설득하기	请你说服一下你的朋友(爱人)。 당신의 친구(배우자)를 설득해 보세요.
거절하기	你怎么拒绝? 어떻게 거절하시겠습니까?
전화하여 문제해결하기	请你给～打电话抗议一下。 ～에 전화하여 항의해 보세요. 请你给～打电话要求退钱。 ～에게 전화하여 환불 요청을 해 보세요. 请给～打电话，解决一下这个问题。 ～에 전화하여 이 문제를 해결해 보세요. 请你给～打电话改(变)一下约会(开会/见面)的时间和地点。 ～에게 전화하여 약속(회의/만나는) 시간과 장소를 변경해 보세요. 请你打电话问一下详细情况。 전화하여 자세한 상황을 알아보세요.
이유 묻기	理由是什么? 이유는 무엇입니까?
부탁하기	拜托你的同事替你去出差。 동료에게 대신 출장 가달라고 부탁해 보세요.
추천하기	请你向你的朋友推荐一下你住的公寓。 친구에게 당신이 살고 있는 아파트를 추천해 보세요.
기타	这时你怎么说? 이때 당신은 어떻게 말할 것인가요?

2 제6부분 빈출 주제

1. 타이르기/충고하기

(MP3) 6-01

问题 ①

（30秒）提示音 _____（40秒）结束。

🎤 녹음 대본

上中学的弟弟，放假的时候整天在家里看电视，什么都不做，作为姐姐，请你劝劝他。

중학교에 다니고 있는 남동생이 방학 때 집에서 TV만 보고 아무것도 안 합니다. 누나로서 남동생을 타일러 보세요.

💬 모범 답안 　亲爱的弟弟，放假的时候，你整天在家里看电视，这对身体非常不好，你可以去外边运动，也可以去见朋友，不要整天呆在家里，更不要整天看电视。另外，你是中学生，所以你要努力学习，要不然会考不上大学的，你一定要听姐姐的话。

사랑하는 동생아, 방학 때 하루종일 집에서 TV만 보는데 이것은 몸에 아주 안 좋아. 밖에 나가서 운동해도 되고 친구를 만나도 좋으니 매일 집에만 있지 말고, 종일 TV만 보는 것은 더더욱 안 돼. 그리고 넌 중학생이기 때문에 공부를 열심히 해야 돼. 그렇지 않으면 대학에 붙지 못할 거야. 누나 말을 반드시 들어야 돼.

👉 답변 요령 　제6부분은 상황 대응 문제이므로 질문에 상황을 제시해준다. 따라서 답할 때 우선 지문을 보면서 상황을 언급한 다음 이에 알맞은 대응법을 제시한다.

📝 단어 　上中学 shàng zhōngxué 중학교에 다니다 | 整天 zhěngtiān 명 온종일 | 作为 zuòwéi 통 ~로서 | 劝 quàn 통 타이르다 | 呆 dāi 통 머무르다 | 要不然 yàoburán 접 그렇지 않으면 | 考不上 kǎo bu shàng 합격할 수 없다 | 听话 tīnghuà 통 말을 (잘) 듣다, 순종하다

💡 생각하기

_____

_____

확인 문제 그림을 보고 질문에 답하세요.

❶

你的女儿是高中生，她想打工，作为妈妈，请你劝劝她。

❷

你的孩子的手机费每个月都很高，你是他妈妈，请你劝劝他。

❸

新职员经常在办公室里玩儿游戏，影响工作，这时你怎么劝他？

2. 약속하기/약속 변경하기

 6-02

问题 ①

（30秒） 提示音 _____ （40秒） 结束。

🎙 녹음 대본

你本来约好了这个星期六跟亲戚见面，但是这个星期六你有约会，所以请给你的亲戚打电话改一下约会的时间。

당신은 본래 이번 주 토요일에 친척이랑 만나기로 약속했는데, 이번 주 토요일에 당신은 약속이 있습니다. 친척에게 전화하여 약속 시간을 변경해 보세요.

💬 모범 답안 你好！好久不见，最近过得怎么样？本来约好了这个星期六跟你见面，但是这个星期六我有约会，所以不能跟你见面了，真对不起，希望你理解我，下个星期六你有时间吗？

안녕하세요! 오랜만이네요. 요즘 어떻게 지내세요? 본래 이번 주 토요일에 당신과 만나기로 약속했는데 이번 주 토요일에 약속이 있어 만날 수 없게 되었어요. 정말 미안해요. 저를 이해해 주시길 바랍니다. 다음 주 토요일에 시간있어요?

👉 답변 요령 약속은 보통 아는 사람과 하는 경우가 많다. 따라서 우선 인사부터 한 다음 약속을 변경해야 하는 이유를 제시한다. 이 문제의 핵심은 약속 시간을 변경하는 것이다. 그러므로 마지막에 반드시 변경할 약속 시간을 제시해야 한다.

단어 **本来** běnlái 및 본래, 원래 | **约好** yuēhǎo 약속하다 | **亲戚** qīnqi 및 친척 | **约会** yuēhuì 및 약속 | **改** gǎi 통 변경하다

💡 생각하기 _____

확인 문제 그림을 보고 질문에 답하세요.

你本来打算今天晚上跟家人一起去饭店吃饭，而且已经预订好了，但是突然有事儿不能去了，请你给饭店打电话改一下日期。

❷

下班以后你本来打算跟朋友见面，但是公司里突然发生了急事，请你跟朋友说明一下情况，并改一下见面时间。

❸

打印机出毛病了，请你给打印机修理店打电话，跟他约一下时间。

3. 문제 해결(대안 제시)하기

问题 ①

(30秒) 提示音 _____ (40秒) 结束。

🎙 **녹음 대본**

前两天你买了一个空调，不过几天以后空调坏了，请你给商店打电话抗议一下。

며칠 전 당신은 에어컨을 샀는데 얼마 지나지 않아 망가졌습니다. 상점에 전화하여 항의해 보세요.

💬 **모범 답안**
喂，你好！我姓金，我叫金民秀。前两天我在你们商店买了一个空调，不过几天以后空调坏了，这是怎么回事啊？我觉得这个空调质量有问题，所以我想退，如果不能退的话，请给我换一个新的，好吗？

여보세요, 안녕하세요! 저는 김 씨이고, 김민수라고 합니다. 며칠 전에 당신의 상점에서 에어컨을 하나 샀는데 얼마 지나지 않아 고장이 났어요. 이게 어떻게 된 일이죠? 이 에어컨의 품질에 문제가 있는 것 같아요. 그래서 반품하려고 하는데, 반품할 수 없으면 새 것으로 바꿔 주실래요?

👉 **답변 요령**
제6부분은 항의하기 문제가 자주 출제된다. 따라서 항의할 때 기본적으로 사용하는 표현을 미리 준비해두는 것이 좋다.

📝 **단어** **前两天** qiánliǎngtiān 며칠 전 | **空调** kōngtiáo 몡 에어컨 | **坏** huài 톙 고장나다, 망가지다 | **抗议** kàngyì 동 항의하다 | **怎么回事** zěnmehuíshì 어떻게 된 일이야? | **质量** zhìliàng 몡 질, 품질 | **退** tuì 동 환불하다 | **换** huàn 동 교환하다, 바꾸다

💡 **생각하기**
_____
_____

확인 문제 그림을 보고 질문에 답하세요.

❶

你在百货公司订了一双鞋，但是已经过了两个星期还没有消息，请你给百货公司打电话抗议一下。

❷

服务员上的菜当中，有一个菜不是你点的，请你向服务员说明一下情况。

❸

公寓的入口结冰了，请给物业打电话，解决一下这个问题。

4. 위로하기/격려하기

(MP3) 6-04

问题 ①

(30秒)　提示音　_____（40秒）　结束。

🎙 **녹음 대본**

你们部门新来的一个职员，工作的时候有很多困难，请你鼓励鼓励他。

당신 부서에 새로 온 한 사원이 일할 때 어려움이 많습니다. 그를 격려해 보세요.

💬 **모범 답안**　南南，你刚到我们部门，工作的时候有很多困难，这是在所难免的，你有什么困难可以告诉我，我会尽全力帮助你的。我觉得你有能力，也很聪明，你不要太担心，加油！

남남 씨, 당신은 막 우리 부서에 왔으니 일할 때 어려움이 많은 것은 불가피한 일이에요. 어려움이 있으면 저에게 알려주세요. 제가 최선을 다해 도와줄게요. 당신은 능력도 있고 머리가 좋으니 너무 걱정하지 마세요. 파이팅!

👉 **답변 요령**　7등급 이상을 받으려면 성어나 관용어 한 두 개 정도 사용하는 것이 좋다.

🔤 **단어**　部门 bùmén 📕 부서 | 职员 zhíyuán 📕 직원 | 困难 kùnnan 📕 어려움, 애로 | 在所难免 zài suǒ nán miǎn 피할 수 없다, 불가피하다 | 尽全力 jìn quánlì 모든 힘을 다하다 | 担心 dānxīn 📗 염려하다, 걱정하다

💡 **생각하기**

🔖 **확인 문제**　그림을 보고 질문에 답하세요.

❶

你的同事这次没晋升上，请你安慰一下他。

❷

你的朋友被公司解雇了，请你安慰一下她。

❸

你的弟弟刚毕业，正在找工作，不过因为找工作不太顺利，所以他很伤心，请你安慰安慰他。

5. 설득하기

问题 ①

（30秒）　提示音　＿＿＿＿＿＿（40秒）　结束。

🎙 **녹음 대본**

你爱人要买车，但是你觉得现在你们还不需要私家车，请你说服你的爱人。

당신의 배우자가 차를 사려고 합니다. 그런데 당신은 지금 자가용이 필요하지 않다고 생각합니다. 당신의 배우자를 설득해 보세요.

💬 **모범 답안**　亲爱的，你要买车，但是我觉得我们现在还不需要车，汽车太贵了，我们没有那么多钱，另外，现在路上堵车堵得很厉害，所以上下班的时候坐地铁更方便，三年以后我们再买车，好吗？

자기야, 당신이 차를 사려고 하는데, 난 지금 우리가 차가 필요하지 않다고 생각해. 자동차는 너무 비싸. 우린 그렇게 많은 돈이 없어. 그리고 지금 길이 너무 많이 막혀서 출퇴근할 때 지하철을 타는 게 더 편해. 3년 후에 차를 사는 게 어때?

👉 **답변 요령**　연인이나 부부사이에 사용하는 호칭 亲爱的로 시작하여 자연스럽게 상황 도입을 한 다음 자신이 해당 상황에 처해있다고 생각하고 상대방이 승낙하도록 설득한다.

🔤 **단어**　需要 xūyào 동 필요로 하다 | 私家车 sījiāchē 명 자가용 | 堵车 dǔchē 동 차가 막히다 | 厉害 lìhai 형 심하다 | 上下班 shàngxiàbān 명동 출퇴근(하다)

💡 **생각하기**　＿＿

확인 문제　그림을 보고 질문에 답하세요.

❶

你想去中国留学，不过你的父母反对，请你说服你的父母。

❷

你爱人想让孩子去外国留学，可是你不同意，请你说服你爱人。

❸

周末你想去孤儿院做义工，请你说服你的朋友跟你一起去。

녹음을 듣고 상황에 어울리게 대답해 보세요.(준비시간: 30초 답변시간: 40초)

1

孩子吵着要出去玩儿，可是外边天气很冷，请你劝孩子在家里玩儿。

2

你已经预订好了机票，但是因为突然有急事，你要推迟出差日期，请给旅行社打电话说明一下情况。

3

下个月你去中国出差，你打算利用这个机会跟朋友见面，请你打电话告诉他这个消息。

녹음을 듣고 상황에 어울리게 대답해 보세요.(준비시간: 30초 답변시간: 40초)

1

你在网上买了一件衣服，但是收到东西以后，你不太满意，请打电话要求退换。

2

客人想买笔记本电脑，你会推荐他买哪一种?

3

你们公司打算开一个新产品发布会，请你给客户打电话，让他们参加你们公司的新产品发布会。

MP3 6-13

녹음을 듣고 상황에 어울리게 대답해 보세요.(준비시간: 30초 답변시간: 40초)

1

因为个人问题，你要请长假，请你向领导说明一下情况。

2

父母结婚纪念日快要到了，你想送给父母一个特别的礼物，请你跟弟弟商量一下。

3

你没打过国际电话，但是手机费的话费单里有没使用过的国际电话费，请给电信公司打电话说明一下情况。

(MP3) 6-14

녹음을 듣고 상황에 어울리게 대답해 보세요.(준비시간: 30초 답변시간: 40초)

1

你家旁边的公园儿太吵了，影响你休息，请你给管理部门打电话解决一下这个问题。

2

下星期你的朋友要结婚，可是你有事不能参加他的婚礼，请你给他打电话说明一下情况。

3

孩子不学习，每天只玩儿游戏。你是他的妈妈，请劝劝你的孩子。

녹음을 듣고 상황에 어울리게 대답해 보세요.(준비시간: 30초 답변시간: 40초)

1

你们部门的领导住院了，请你把这个消息转告给大家。

2

今天晚上你本来要跟同事们一起吃晚饭，但是你突然有急事，不能参加，请你跟同事说明一下情况，并请求他们的谅解。

3

你的同事想换工作，请你劝劝你的同事。

第七部分

看图说话
그림 보고 이야기하기

준비시간 • 30초
답변시간 • 90초
문 항 수 • 1문항

1 유형 분석 및 답변 Tip

第七部分: 看图说话
제7부분: 그림 보고 이야기하기

在这部分试题中，你将看到四幅连续的图片。请你根据图片的内容讲述一个完整的故事。请认真看下列四幅图。（30秒）

이 부분에서는 네 개의 연속된 그림을 보게 됩니다. 그림의 내용을 바탕으로 하나의 완전한 이야기를 진술해 주십시오. 다음 네 개의 그림을 자세히 보세요. (30초)

现在请根据图片的内容讲述一个故事，请尽量完整、详细。讲述时间是90秒。请听到提示音之后开始回答。

지금부터 그림의 내용을 바탕으로 완전하고 상세한 이야기를 만들어 주십시오. 진술 시간은 90초입니다. 제시음을 듣고 나서 답변해 주십시오.

Point 1 ▶ **준비시간 30초 최대 활용하기**

연속된 네 개의 그림을 순서대로 빠르게 훑어 보고 인물, 시간, 배경, 사건 위주로 이야기의 줄거리를 파악한다. 각 그림을 어떻게 묘사할 것인지 키워드도 함께 생각한다.

Point 2 ▶ **이야기 시작하기**

그림①에서는 이야기의 배경이 되는 시간, 장소와 중심 인물을 언급한다. 시간 설정은 불특정한 시간사를 이용하는 것이 무난하고, 그림 속 등장 인물에 적합한 중국어 이름이나 호칭을 붙이는 것이 서술하기에 용이하다. 첫 번째 그림을 설명할 때 상황을 뒷받침해 줄 수 있는 부연설명을 하는 것이 말을 많이 할 수 있는 요령 중 하나이다. 예를 들어 '今天是星期天，天气非常好。오늘은 일요일이고, 날씨가 아주 좋다.' 등이 있다.

Point 3 ▶ **사건의 발단과 상황의 변화 살피기**

그림②에서는 사건이 서서히 진행되므로 상황의 변화에 초점을 두고 상세하게 묘사한다. 그림 속 이야기 뿐만 아니라 상상력을 발휘하여 등장 인물의 감정기복 등을 덧붙여서 이야기를 만드는 것이 좋다.

Point 4 ▶ **상황의 반전 및 감정 표현 전달하기**

그림③에서는 상황의 반전 요소를 제시하는 그림이 대부분이며, 돌발상황의 놀라움, 기쁨, 실망 등 감정표현을 적절하게 하는 것이 관건이다.

Point 5 ▶ **최종 심경으로 마무리하기**

그림④는 이야기의 결말이다. 대개 반전의 결말인 경우가 많다.

🔍 제7부분 자주 사용하는 표현

상황	중국어	단어
놀랐을 때	他很吃惊。 그는 많이 놀랐다.	吃惊 chījīng 동 놀라다
	他吓了一跳。 그는 깜짝 놀랐다.	吓 xià 동 놀라게 하다 | 跳 tiào 동 (껑충) 뛰다
걱정할 때	他很担心。 그는 많이 걱정했다.	担心 dānxīn 동 걱정하다
초조할 때	他很着急。 그는 아주 초조했다.	着急 zháojí 동 조급해하다
기분이 나쁠 때	他很不开心。 그는 기분이 안 좋았다.	开心 kāixīn 형 즐겁다
아주 즐거울 때	他很开心，开心得合不上嘴了。 그는 너무 기뻐서 입을 다물지 못했다.	合不上 hé bu shàng (입을) 다물 수 없다 | 嘴 zuǐ 명 입
속상할 때	他很伤心，伤心得要哭了。 그는 너무 속상해서 울려고 하였다.	伤心 shāngxīn 형 속상하다 | 要……了 yào……le 곧 ~하려고 하다 | 哭 kū 동 울다
	他很伤心，伤心得哭了起来。 그는 너무 속상해서 울기 시작하였다.	
아주 화가 날 때	他很生气，气得火冒三丈。 그는 화가 머리끝까지 났다.	生气 shēngqì 동 화내다 | 火冒三丈 huǒ mào sān zhàng 성 화가 머리끝까지 치밀다
당황할 때	不知道该怎么办才好。 어떻게 하면 좋을지 모르겠다.	该 gāi 동 ~해야 하다 | 办 bàn 동 처리하다 | 才 cái 부 ~에서야
혼낼 때	妈妈说了孩子一顿。 엄마는 아이를 한바탕 혼냈다.	说 shuō 동 혼내다 | 一顿 yídùn 한바탕
알고 보니 ~이다	原来是猫偷了面包。 알고보니 고양이가 빵을 훔쳤다.	原来 yuánlái 부 알고 보니 | 猫 māo 명 고양이 | 偷 tōu 동 훔치다
~인 줄 알았다 (하지만 아니다)	丽丽以为老公忘了她的生日。 리리는 남편이 자기의 생일을 잊은 줄 알았다.	以为 yǐwéi ~인줄 알다 | 老公 lǎogōng 명 남편
손에 ~을 들고 있을 때	老公手里拿着一个生日蛋糕回来了。 남편은 손에 생일 케이크를 하나 들고 돌아왔다.	拿着 názhe 들고 있는 상태 | 蛋糕 dàngāo 명 케이크
~하기 시작하였다 1) 동사+了起来 2) 동사+起+명사+来了	哭 → 哭了起来 울다 → 울기 시작하였다 玩儿 → 玩了起来 놀다 → 놀기 시작하였다 下雨 → 下起雨来了 비가 내리다 → 비가 내리기 시작하였다 画画儿 → 画起画儿来了 그림을 그리다 → 그림을 그리기 시작하였다	

🔍 제7부분 자주 등장하는 단어

동사		
放学 fàngxué 하교하다	抢 qiǎng 빼앗다	欺负 qīfu 괴롭히다
后悔 hòuhuǐ 후회하다	咬 yǎo 꽉 물다	插 chā 꽂다, 끼우다
叫 jiào 깨우다, (동물이) 짖다, 울다	叼 diāo 입에 살짝 물다	复印 fùyìn 복사하다
落 là 빠뜨리다	踹 chuài (발로) 걷어차다	偷 tōu 훔치다
丢 diū 잃어버리다	响 xiǎng (전화벨·초인종)이 울리다	捡 jiǎn 줍다
掉 diào (아래로) 떨어지다	撞 zhuàng 부딪치다	爬 pá 기다, 오르다
看见 kànjiàn 보이다, 보다, 눈에 띄다	假装 jiǎzhuāng ~한 척 하다	扔 rēng 버리다

명사		
成绩单 chéngjìdān 성적표	惊喜 jīngxǐ 놀람과 기쁨	电源 diànyuán 전원
存钱罐儿 cúnqiánguànr 저금통	蛋糕 dàngāo 케이크	复印机 fùyìnjī 복사기
玩具 wánjù 장난감	墙 qiáng 벽	小偷儿 xiǎotōur 좀도둑
娃娃 wáwa 인형	闹钟 nàozhōng 알람시계	围巾 wéijīn 목도리
小狗 xiǎogǒu 강아지	资料 zīliào 자료	电梯 diàntī 엘리베이터
猫 māo 고양이	文件包 wénjiànbāo 서류가방	楼梯 lóutī 계단
客厅 kètīng 거실	雨伞 yǔsǎn 우산	收银台 shōuyíntái 계산대

기타		
开心 kāixīn 즐겁다	拿错 nácuò 잘못 가져가다	结果 jiéguǒ 결국
不高兴 bù gāoxìng 기분이 나쁘다	穿错 chuāncuò 잘못 입다	原来 yuánlái 알고보니
只好 zhǐhǎo 할 수 없이	认错 rèncuò 잘못 보다	紧张 jǐnzhāng 긴장하다
急忙 jímáng 황급히	站在 zhànzài ~에 서 있다	着急 zháojí 조급해하다
故意 gùyì 일부러	对他说 duì tā shuō 그에게 말하다	拿着 názhe 들고 있다
害怕 hàipà 무서워하다	湿了 shī le 젖었다	凶 xiōng 흉악하다
过了一会儿 guò le yíhuìr 좀 지나서	没想到 méi xiǎngdào 뜻밖에	这时 zhèshí 이때

2 제7부분 빈출 주제

1. 즐거움

(MP3) 7-01

问题 ①

①

③ ④

现在请根据图片的内容讲述一个故事，请尽量完整、详细。讲述时间是90秒。请听到提示音之后开始回答。

（30秒） 提示音 _____（90秒）_____ 结束。

💬 모범답안 ① 南南想买玩具车，但是玩具车太贵了，他没有那么多钱。所以他开始存钱，有一天他的存钱罐儿终于满了，他可以买玩具车了，南南很开心。
② 在客厅里，奶奶在看书，可是奶奶的视力不太好。
③ 南南想，买玩具呢？还是给奶奶买眼镜呢？
④ 最后他给奶奶买了一副眼镜，奶奶很开心，开心得合不上嘴了。

남남은 장난감 차를 사고 싶었지만 장난감 차는 너무 비쌌고 그는 그렇게 많은 돈이 없었다. 그래서 그는 저금하기 시작했고 어느 날 그의 저금통이 드디어 가득 찼다. 장난감 차를 살 수 있게 되어서 남남은 아주 기뻤다. 할머니는 거실에서 책을 보고 계셨다. 그런데 할머니는 시력이 그다지 좋지 않았다. 남남은 생각했다. 장난감을 살까? 아니면 할머니께 안경을 사다 드릴까? 결국 그는 할머니께 안경을 사드렸다. 할머니는 너무 기뻐서 입을 다물지 못했다.

답변 요령 그림 속 등장 인물에 적합한 중국어 이름이나 호칭을 붙이는 것이 서술하기에 용이하다. 그림을 설명할 때 그림 내용의 상황을 뒷받침해 줄 수 있는 부연설명을 하는 것이 말을 많이 할 수 있는 요령 중 하나이다.

단어 **玩具车** wánjùchē 장난감 자동차 | **存钱** cúnqián 图 저금하다 | **存钱罐儿** cúnqiánguànr 阅 저금통 | **终于** zhōngyú 閉 마침내, 결국 | **满** mǎn 图 꽉 채우다 | **客厅** kètīng 阅 거실 | **视力** shìlì 阅 시력 | **眼镜** yǎnjìng 阅 안경 | **最后** zuìhòu 阅 결국, 맨 마지막

생각하기 _____

_____

_____

_____

확인 문제 그림을 보고 질문에 답하세요.

❶   ❷   ❸   ❹

2. 놀람/당황

MP3 7-02

问题 ①

①

②

③

④

现在请根据图片的内容讲述一个故事，请尽量完整、详细。讲述时间是90秒。请听到提示音之后开始回答。

（30秒）　提示音　_____（90秒）_____　结束。

💬 **모범 답안**

① 昨天晚上南南睡得很晚，所以早上起晚了。

② 他急急忙忙赶到了公司，但是在电梯前边，他不小心撞了一位老人，那位老人很生气，气得火冒三丈。

③ 到办公室以后，南南开始工作，这时金科长进来了，金科长说：我们一起去见老板吧。

④ 南南很紧张，到老板办公室的时候，南南吓了一跳，老板也吓了一跳，原来早上撞的老人是他们的老板，南南不知道该怎么办才好。

어제 저녁 남남은 늦게 잤다. 그래서 그는 아침에 늦게 일어났다. 그는 황급히 회사에 도착했다. 그런데 엘리베이터 앞에서 실수로 노인 한 명과 부딪쳤고 그 노인은 화가 아주 많이 났다. 사무실에 도착한 다음, 남남은 일을 하기 시작하였다. 이때 김 과장님이 들어와 같이 사장님을 뵈러 가자고 하였다. 남남은 아주 긴장하였다. 사장실에 도착하였을 때, 남남은 깜짝 놀랐고 사장님도 깜짝 놀랐다. 알고 보니 아침에 부딪친 노인은 그들의 사장님이었다. 남남은 어쩔 줄 몰랐다.

답변 요령 당황하고 놀라울 때 자주 사용하는 표현 '气得火冒三丈', '吓了一跳', '不知道该怎么办才好' 등을 미리 익혀두면 다양한 상황에서 활용 가능하다.

단어 **起晚了** qǐ wǎn le 늦게 일어나다 | **急急忙忙** jíjímángmáng 부랴부랴 | **赶到** gǎndào 图 서둘러 도착하다 | **电梯** diàntī 명 엘리베이터 | **不小心** bù xiǎoxīn 실수로, 부주의로 | **撞** zhuàng 图 부딪치다, 충돌하다 | **紧张** jǐnzhāng 형 (정신적으로) 긴장해 있다

💡 생각하기 _____

_____

_____

_____

확인 문제 그림을 보고 질문에 답하세요.

3. 서프라이즈

(MP3) 7-03

问题 ①

现在请根据图片的内容讲述一个故事，请尽量完整、详细。讲述时间是90秒。请听到提示音之后开始回答。

（30秒）　提示音　_____（90秒）_____　结束。

모범 답안

① 晚上六点，部长突然给南南很多资料，部长说：今天晚上要加班。

② 南南很不开心，因为今天是他的生日。他本来想早点儿下班，然后跟朋友们一起去酒吧喝酒。

③ 过了一会儿，部长和同事们突然进来了，同事们手里拿着生日蛋糕和礼物，

④ 南南很开心，开心得合不上嘴了。

저녁 6시, 부장님이 갑자기 남남에게 많은 자료를 주면서 오늘 저녁에 야근해야 한다고 했다. 남남은 기분이 안 좋았다. 오늘은 남남의 생일이기 때문이다. 그는 원래 일찍 퇴근해서 친구들과 함께 술을 마시러 가려고 했다. 잠시 후 부장님과 동료들이 갑자기 들어왔다. 동료들은 손에 케이크와 선물을 들고 있었다. 남남은 너무 기뻐서 입을 다물 수가 없었다.

답변 요령   사건 진행을 조리있게 이야기하려면 적절한 시간사를 사용해야 한다. 이 문제 같은 경우 '晚上六点 → 今天 晚上 → 过了一会儿'를 사용함으로써 이야기의 전개가 아주 명확하게 느껴진다.

단어   **突然** tūrán 囝 갑자기 | **资料** zīliào 뗑 자료 | **开心** kāixīn 혱 즐겁다 | **早点儿** zǎodiǎnr 일찍 | **酒吧** jiǔbā 뗑 술집 | **部长** bùzhǎng 뗑 부장 | **同事们** tóngshìmen 뗑 동료들 | **蛋糕** dàngāo 뗑 케이크 | **礼物** lǐwù 뗑 선물

생각하기
_____
_____
_____
_____

확인 문제   그림을 보고 질문에 답하세요.

4. 화남

问题 ①

现在请根据图片的内容讲述一个故事，请尽量完整、详细。讲述时间是90秒。请听到提示音之后开始回答。

（30秒） 提示音 _____（90秒）_____ 结束。

모범답안 ① 考试结果出来了，南南得了十六分，他很伤心，伤心得要哭了。

② 南南到家以后，给妈妈看成绩单的时候，他把成绩单倒了过来，所以南南的成绩不是十六分，是九十一分，妈妈很高兴。

③ 但是没想到突然刮风了，成绩单刮跑了。

④ 妈妈捡起成绩单，这时才发现孩子的成绩不是九十一分，是十六分。妈妈很生气，气得火冒三丈，妈妈说了孩子一顿。

시험 결과가 나왔는데, 남남은 16점을 받았다. 그는 너무 속상해서 울고 싶을 정도였다. 남남은 집에 도착한 후 엄마에게 성적표를 보여줄 때 성적표를 거꾸로 뒤집었다. 그때문에 남남의 성적은 16점이 아닌 91점이 되었고 엄마는 아주 기뻐하였다. 그런데 뜻밖에 갑자기 바람이 불어 성적표가 날아갔다. 엄마가 성적표를 주워들어 보고난 후 비로소 아이의 성적이 91점이 아니라 16점이라는 것을 알게 되었다. 엄마는 화가 나서 아이를 한바탕 혼냈다.

답변 요령 이야기를 전개할 때 감정 기복에 초점을 두고 상세하게 묘사한다. 이 문제 같은 경우 '他很伤心，伤心得要哭了。→ 妈妈很高兴。→ 妈妈很生气，气得火冒三丈，妈妈说了孩子一顿。'을 이용하여 아이와 엄마의 슬픔과 기쁨을 생동감있게 표현하였다.

단어 **出来** chūlai 동 나오다 | **倒** dào 동 (상하·전후의 위치나 순서가) 거꾸로 되다(하다) | **刮风** guāfēng 동 바람이 불다 | **刮跑** guāpǎo 동 바람에 날려가다 | **发现** fāxiàn 동 발견하다

생각하기 _____

_____

_____

_____

확인 문제 그림을 보고 질문에 답하세요.

① ② ③ ④

5. 서러움

MP3 7-05

问题 ①

现在请根据图片的内容讲述一个故事，请尽量完整、详细。讲述时间是90秒。请听到提示音之后开始回答。

（30秒） 提示音 ＿＿＿＿＿＿（90秒）＿＿＿＿＿ 结束。

모범답안 ① 今天是南南的生日，所以爸爸给南南买了一只小狗，看到小狗以后南南很开心。
② 所以他把娃娃扔到了一边儿，然后跟小狗一起玩儿了起来。
③ 可是没想到南南睡觉的时候，小狗把娃娃咬破了。
④ 南南很伤心，伤心得哭了起来，但是小狗好像什么也不知道，它坐在沙发旁边玩儿得很开心。

오늘은 남남의 생일이다. 그래서 아빠는 남남에게 강아지 한 마리를 사 주었다. 강아지를 보고 남남은 아주 기뻤다. 남남은 인형을 한 쪽에 버리고 강아지와 놀기 시작하였다. 그런데 뜻밖에 남남이 잠을 잘 때 강아지가 인형을 물어뜯었다. 남남은 너무 속상해서 울기 시작했지만 강아지는 아무것도 모르는채 소파 옆에 앉아서 신나게 놀고 있었다.

답변 요령 상황의 변화를 생동감있게 표현하려면 적절한 단어를 사용하는 것이 관건이다. 이 문제 같은 경우 '扔到了 一边儿，玩儿了起来，把娃娃咬破了'을 사용함으로써 이야기의 전개가 아주 흥미롭게 느껴진다.

단어 **娃娃** wáwa 몡 인형 │ **扔** rēng 동 내버리다 │ **咬** yǎo 동 물다 │ **破** pò 동 해지다, 파손되다

생각하기 _____

_____

_____

_____

확인 문제 그림을 보고 질문에 답하세요.

그림을 보고 순서대로 이야기를 만들어 보세요. (준비시간: 30초 답변시간: 90초)

1

①

②

③

④

그림을 보고 순서대로 이야기를 만들어 보세요. (준비시간: 30초 답변시간: 90초)

1

①

②

③

④

그림을 보고 순서대로 이야기를 만들어 보세요. (준비시간: 30초 답변시간: 90초)

1

①

②

③

④

제7부분 유형마스터 4회

그림을 보고 순서대로 이야기를 만들어 보세요.(준비시간: 30초 답변시간: 90초)

1

①

②

③

④

그림을 보고 순서대로 이야기를 만들어 보세요.(준비시간: 30초 답변시간: 90초)

1

①

②

③

④

问题 ①

你跟朋友约好了这个周末一起去公园儿骑自行车。但是天气预报说周末会下雨，请你跟朋友解释一下，并建议去别的地方玩儿。

（30秒）　提示音　———（40秒）———　结束。

问题 ②

你要买新车，所以你打算卖掉旧车，请你给卖二手车的地方打电话，问一下价格。

（30秒）　提示音　———（40秒）———　结束。

问题 ③

你们公司打算招一个新职员，你觉得你的朋友很合适，这时你怎么向你的上司推荐？

（30秒）　提示音　———（40秒）———　结束。

在这部分试题中，你将看到四幅连续的图片。请根据图片内容讲述一个完整的故事。请认真看下列四幅图。（30秒）

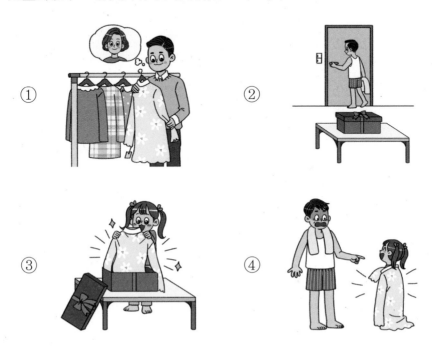

现在请根据图片的内容讲述一个故事，请尽量完整、详细。讲述时间是90秒。请听到提示音之后开始回答。

（30秒）　提示音　＿＿＿＿（90秒）＿＿＿＿　结束。

제6, 7부분　실전테스트 2회

问题①

下星期你去北京出差，因为是第一次去北京，所以你不太了解那里的情况，请你给在北京的同事打电话问一下那里的情况。

(30秒)　提示音　_____(40秒)_____　结束。

问题②

在办公室里，你的同事穿衣服太随便，请你劝劝他。

(30秒)　提示音　_____(40秒)_____　结束。

问题③

暑假你想一个人去旅行，请你给旅行社打电话咨询一下日程安排。

(30秒)　提示音　_____(40秒)_____　结束。

在这部分试题中，你将看到四幅连续的图片。请根据图片内容讲述一个完整的故事。请认真看下列四幅图。（30秒）

现在请根据图片的内容讲述一个故事，请尽量完整、详细。讲述时间是90秒。请听到提示音之后开始回答。

（30秒）　提示音　_____（90秒）_____　结束。

MP3 7-23

问题 ①

飞机很长时间也没有起飞，请你向空乘人员询问一下原因。

(30秒) 提示音 _____ (40秒) 结束。

问题 ②

你的朋友要搬家，请你向你的朋友推荐一下你住的小区。

(30秒) 提示音 _____ (40秒) 结束。

问题 ③

公司的休息室又脏又乱，请你给公司的管理部门打电话说明一下情况。

(30秒) 提示音 _____ (40秒) 结束。

在这部分试题中，你将看到四幅连续的图片。请根据图片内容讲述一个完整的故事。请认真看下列四幅图。（30秒）

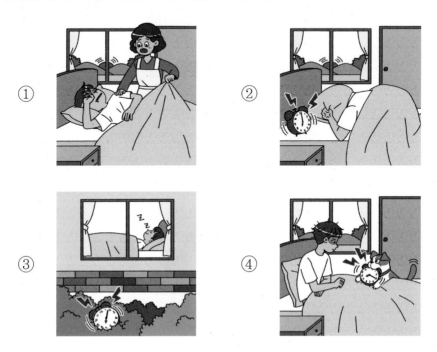

现在请根据图片的内容讲述一个故事，请尽量完整、详细。讲述时间是90秒。请听到提示音之后开始回答。

（30秒）　提示音　　　（90秒）　　　结束。

问题 ①

你爱人想搬到乡下去住，可是你不想去，这时你怎么说服你爱人？

（30秒）　提示音　_____（40秒）_____　结束。

问题 ②

工作的时候，你突然感到肚子疼，跟上司说明一下你的病情。

（30秒）　提示音　_____（40秒）_____　结束。

问题 ③

你的同事要请你吃晚饭，但是你有急事去不了，请你委婉地拒绝他。

（30秒）　提示音　_____（40秒）_____　结束。

在这部分试题中，你将看到四幅连续的图片。请根据图片内容讲述一个
完整的故事。请认真看下列四幅图。（30秒）

现在请根据图片的内容讲述一个故事，请尽量完整、详细。讲述时间是90
秒。请听到提示音之后开始回答。

（30秒）　提示音　_____（90秒）_____　结束。

MP3 7-25

问题 ①

弟弟每天骑摩托车上班，你觉得很危险，作为姐姐请你劝一下你的弟弟。

(30秒)　提示音　　　　　　(40秒)　　　　结束。

问题 ②

你的朋友开始学习外语了，请你向他介绍一下你学外语的经验。

(30秒)　提示音　　　　　　(40秒)　　　　结束。

问题 ③

你想搬家，请你拜托你的朋友帮你搬家。

(30秒)　提示音　　　　　　(40秒)　　　　结束。

问题 4

在这部分试题中，你将看到四幅连续的图片。请根据图片内容讲述一个完整的故事。请认真看下列四幅图。（30秒）

现在请根据图片的内容讲述一个故事，请尽量完整、详细。讲述时间是90秒。请听到提示音之后开始回答。

（30秒）　提示音　＿＿＿＿＿（90秒）＿＿＿＿＿　结束。

제7부분까지 시험이 끝나면 마지막 소감을 말하는 시간이 30초 주어집니다. 시험을 치르고 난 느낌을
부담 없이 자유롭게 말하면 됩니다.

问题　如果您对我们的考试有什么感想的话，请说出来，发言时间是30秒。
回答1　今天我很紧张，所以说得不太好，以后我一定要努力学习汉语。谢谢！
回答2　TSC的考试方法很特别，这种考试方法可以提高学生的会话能力，所以我觉得
　　　非常实用，今后我一定要努力学习汉语，并通过TSC四级。
回答3　TSC考试对学习汉语很有帮助，我觉得学习外语的时候，会话比什么都重要。
　　　但是在电脑前，想说好非常难，这次我准备得不太好，说以回答得不太理想，
　　　回去以后我一定要努力学习汉语，然后想再考一次。谢谢！

질문　마지막으로 시험에 대한 느낌을 말씀해 주십시오. 발언시간은 30초입니다.
답변1　오늘 저는 너무 긴장해서 말을 잘 못했습니다. 앞으로 저는 반드시 중국어를 열심히 공부할 것입니
　　　다. 감사합니다!
답변2　TSC시험 방법은 아주 특이합니다. 이러한 시험 방법은 학생들의 회화능력을 향상시킬 수 있어 아주
　　　실용적이라고 생각합니다. 저는 앞으로 중국어공부를 반드시 열심히 하여 TSC 4등급을 취득할 것입
　　　니다.
답변2　TSC시험은 중국어공부에 도움이 많이 됩니다. 외국어를 배울 때 회화는 무엇보다 중요합니다. 그런
　　　데 컴퓨터 앞에서 말을 잘한다는 것은 아주 어렵습니다. 이번에 저는 준비를 잘 못해서 대답을 잘 못
　　　했습니다. 앞으로 저는 반드시 중국어공부를 열심히 하여 한 번 더 응시할 생각입니다. 감사합니다!

考试结束。
最后，如果您对我们的考试有什么感觉的话，请说出来。请听到提示音之后
开始发言。发言时间是30秒。

（2秒）　提示音　_____（30秒）_____　结束。

谢谢您参加我们的考试！

MEMO

녹음
대본
및
모범
답안

제1부분

유형마스터 1-11-1 ·············· p.16

1. 🎧녹음대본 你叫什么名字? 당신의 이름은 무엇입니까?
💬모범답안 我姓朴，我叫朴在兄。 저는 박 씨이고, 박재형이라고 합니다.

2. 🎧녹음대본 请说出你的出生年月日。 당신의 생년월일을 말해 보세요.
💬모범답안 我出生于一九九一年二月二十七日。 저는 1991년 2월 27일에 태어났습니다.

3. 🎧녹음대본 你家有几口人? 당신의 가족은 몇 명입니까?
💬모범답안 我家有四口人。爱人、一个女儿、一个儿子和我。 저희 가족은 네 명입니다. 배우자, 딸 하나, 아들 하나 그리고 저입니다.

4. 🎧녹음대본 你在什么地方工作? 或者你在哪个学校上学? 당신은 어디에서 근무합니까? 혹은 어느 학교에 다닙니까?
💬모범답안 我在三星电子财务部工作。 저는 삼성전자 재무팀에서 근무합니다.

제2부분

확인 문제

1 존재의 동사 在 2-01-1 ·········· p.19

1. 🎧녹음대본 他在哪儿? 그는 어디에 있습니까?
💬모범답안 他在房间里。 그는 방 안에 있습니다.

2. 🎧녹음대본 学校在哪儿? 학교는 어디에 있습니까?
💬모범답안 学校在邮局和医院中间。 학교는 우체국과 병원의 중간에 있습니다.

3. 🎧녹음대본 小猫在哪儿? 고양이는 어디에 있습니까?
💬모범답안 小猫在门口。 고양이는 문 앞에 있습니다.

2 소유의 동사 有 2-02-1 ·········· p.20

1. 🎧녹음대본 床上有什么? 침대 위에는 무엇이 있습니까?
💬모범답안 床上有一只猫。 침대 위에는 고양이 한 마리가 있습니다.

2. 🎧녹음대본 房间里有什么? 방 안에는 무엇이 있습니까?
💬모범답안 房间里有一张床和一张桌子。 방 안에는 침대 하나와 책상 하나가 있습니다.

3. 🎧녹음대본 路上有什么? 길에 무엇이 있습니까?
💬모범답안 路上有两辆公共汽车。 길에는 버스 두 대가 있습니다.

3 진행을 나타내는 (正)在 2-03-1 ·········· p.21

1. 🎧녹음대본 男的在做什么? 남자는 무엇을 하고 있습니까?
💬모범답안 男的在吃药。 남자는 약을 먹고 있습니다.

2. 🎧녹음대본 他在做什么? 그는 무엇을 하고 있습니까?
💬모범답안 他在画画儿。 그는 그림을 그리고 있습니다.

3. 🎧녹음대본 女的在做什么? 여자는 무엇을 하고 있습니까?
💬모범답안 女的在洗衣服。 여자는 빨래하고 있습니다.

4 수의 표현(1) 2-04-1 ·········· p.23

1. 🎧녹음대본 帽子多少钱? 모자는 얼마입니까?
💬모범답안 四十四块。 44위안입니다.

2. 🎧녹음대본 她个子多高? 그녀는 키가 몇입니까?
💬모범답안 一米五七。 1m 57cm입니다.

3. 🎧녹음대본 老爷爷今年多大年纪? 할아버지는 올해 연세가 어떻게 됩니까?
💬모범답안 七十八岁。 78세입니다.

5 수의 표현(2) 2-05-1 ·········· p.25

1. 🎧녹음대본 公共汽车几点出发? 버스는 몇 시에 출발합니까?
💬모범답안 公共汽车十一点三刻出发。 버스는 11시 45분에 출발합니다.

2. 🎧녹음대본 今天几月几号? 오늘은 몇 월 며칠입니까?
💬모범답안 今天十月十六号。 오늘은 10월 16일입니다.

3. 🔊녹음대본 他住几号房间? 그는 몇 호실에 투숙했습니까?

💬모범답안 一八零三号。 1803호입니다.

유형마스터 1회 (MP3) 2-11-1 ························· p.26

1. 🔊녹음대본 雨伞有多长? 우산은 얼마나 깁니까?

💬모범답안 七十五厘米。 75cm입니다.

2. 🔊녹음대본 书在哪儿? 책은 어디에 있습니까?

💬모범답안 书在书包里。 책은 책가방 안에 있습니다.

3. 🔊녹음대본 他做什么工作? 그는 무슨 일을 합니까?

💬모범답안 他是服务员。 그는 웨이터입니다.

4. 🔊녹음대본 花瓶里有几枝花? 꽃병에는 꽃이 몇 송이 있습니까?

💬모범답안 一枝花。 한 송이 있습니다.

유형마스터 2회 (MP3) 2-12-1 ························· p.27

1. 🔊녹음대본 他要坐公共汽车吗? 그는 버스를 타려고 합니까?

💬모범답안 不, 他要坐火车。 아니요, 그는 기차를 타려고 합니다.

2. 🔊녹음대본 有几辆自行车? 몇 대의 자전거가 있습니까?

💬모범답안 有两辆自行车。 두 대의 자전거가 있습니다.

3. 🔊녹음대본 这是袜子吗? 이것은 양말입니까?

💬모범답안 这不是袜子，这是鞋。 이것은 양말이 아니고, 신발입니다.

4. 🔊녹음대본 他有多重? 그는 몸무게가 얼마나 나갑니까?

💬모범답안 五十三公斤。 53킬로그램입니다.

유형마스터 3회 (MP3) 2-13-1 ························· p.28

1. 🔊녹음대본 他在做什么? 그는 무엇을 하고 있습니까?

💬모범답안 他在打篮球。 그는 농구를 하고 있습니다.

2. 🔊녹음대본 他想换多少钱? 그는 얼마를 환전하려고 합니까?

💬모범답안 他想换一百美元。 그는 100달러를 환전하려고 합니다.

3. 🔊녹음대본 他要买什么? 그는 무엇을 사려고 합니까?

💬모범답안 他要买一条裤子。 그는 바지 한 벌을 사려고 합니다.

4. 🔊녹음대본 男孩儿有多重? 남자 아이는 몸무게가 얼마나 나갑니까?

💬모범답안 三十七公斤。 37kg입니다.

유형마스터 4회 (MP3) 2-14-1 ························· p.29

1. 🔊녹음대본 他从几点到几点上课? 그는 몇 시부터 몇 시까지 수업합니까?

💬모범답안 从九点到十二点。 9시부터 12시까지 합니다.

2. 🔊녹음대본 她做什么工作? 그녀는 무슨 일을 합니까?

💬모범답안 她是公共汽车司机。 그녀는 버스 운전기사입니다.

3. 🔊녹음대본 他多高? 그는 키가 얼마나 됩니까?

💬모범답안 一米七五。 1미터 75센티미터입니다.

4. 🔊녹음대본 这里是什么地方? 이곳은 어떤 곳인가요?

💬모범답안 这里是医院。 이곳은 병원입니다.

유형마스터 5회 (MP3) 2-15-1 ························· p.30

1. 🔊녹음대본 几个人戴着眼镜? 몇 사람이 안경을 쓰고 있습니까?

💬모범답안 一个人 한 사람 / 一个人戴着眼镜。 한 사람이 안경을 쓰고 있습니다.

2. 🔊녹음대본 今天星期几? 오늘은 무슨 요일입니까?

💬모범답안 今天星期二。 오늘은 화요일입니다.

3. 🔊녹음대본 他怎么去公司? 그는 어떻게 회사에 갑니까?

💬모범답안 他坐公共汽车去公司。 그는 버스를 타고 회사에 갑니다.

4. 🔊녹음대본 他们在做什么? 그들은 무엇을 하고 있습니까?

💬모범답안 他们在上课。 그들은 수업을 하고 있습니다.

제3부분

확인 문제

1 선물하기 (MP3) 3-01-1 ························· p.34

1. 🔊녹음대본 你买几枝花? 몇 송이의 꽃을 사시겠어요?

💬모범답안 我想买一枝花，因为今天是我妈妈的生日，所以我想给我妈妈买一枝花。 꽃 한 송이를 사려고요. 오늘이 저희 어머니 생신이어서 어머니께 꽃 한 송이를 선물하려 해요.

2. 🎧녹음대본 你为什么买这么多礼物？당신은 왜 이렇게 많은 선물을 사나요?

💬모범답안 因为今天是我妈妈的生日，所以我给我妈妈买了一个钱包、一件衣服和一枝花。오늘이 저희 어머니 생신이어서 어머니께 드리려고 지갑 하나, 옷 한 벌과 꽃 한 송이를 샀어요.

3. 🎧녹음대본 买这么多吃的做什么？이렇게 많은 음식을 사서 무엇을 하려고요?

💬모범답안 因为今天是我妈妈的生日，我想给我妈妈做中国菜，所以我买了很多吃的。오늘이 저희 어머니 생신이어서 어머니께 중국 요리를 해주려고 먹을 것을 많이 샀어요.

2 핑계대기 (MP3) 3-02-1 ·········· p.35

1. 🎧녹음대본 这个星期六一起去爬山，怎么样？이번 주 토요일 우리 등산하러 가는 게 어때요？

💬모범답안 真不好意思，下个月我要参加TSC考试，我得去图书馆学习，所以我不能跟你去爬山。정말 미안해요. 저는 다음 달에 TSC시험을 봐야 하기 때문에 도서관에 가서 공부해야 해요. 그래서 당신과 등산하러 갈 수 없어요.

2. 🎧녹음대본 我要去买杯咖啡，你想跟我一起去吗？커피 사러 가려고 하는데 저랑 같이 갈래요？

💬모범답안 真不好意思，我现在很忙，我在准备会议资料，你自己去吧。미안해요. 저는 지금 너무 바빠요. 회의자료를 준비하고 있거든요. 당신 혼자 가세요.

3. 🎧녹음대본 你帮我翻译一下，好吗？저를 도와서 번역 좀 해주시겠어요？

💬모범답안 真不好意思，我现在很忙，我在准备会议资料，所以我不能帮你，你问问多多吧。정말 미안한데 저는 지금 너무 바빠요. 회의자료를 준비하고 있어서 당신을 도와드릴 수 없네요. 뒤뒤에게 물어보세요.

3 여가활동 (MP3) 3-03-1 ·········· p.36

1. 🎧녹음대본 明天没有课，你想做什么？내일 수업이 없는데 무엇을 할 거니？

💬모범답안 我想去游泳，我很喜欢游泳，我觉得游泳对身体非常好，所以周末我常常去游泳。수영하러 가려고 해. 난 수영을 아주 좋아하거든. 수영은 몸에 아주 좋다고 생각해. 그래서 주말에 자주 수영하러 가.

2. 🎧녹음대본 下班以后你一般干什么？퇴근 후 보통 무엇을 하나요？

💬모범답안 我喜欢喝酒，所以下班以后我常常跟同事们一起去喝酒，一边喝酒一边聊天儿，可以缓解压力，还可以放松一下。저는 술 마시는 것을 아주 좋아해서 퇴근 후 동료들과 함께 술을 마시러 가요. 술을 마시면서 이야기를 하면 스트레스도 해소되고 긴장도 풀 수 있어요.

3. 🎧녹음대본 周末你一般做什么？주말에 보통 무엇을 하나요？

💬모범답안 周末我一般跟家人一起去外边玩儿，因为平时我工作很忙，没有时间，所以周末我一般跟家人一起去外边玩儿，有时去登山，有时去公园儿。주말에 저는 보통 식구들과 밖에 놀러가요. 평소에는 제가 일이 바빠서 시간이 없기 때문에 주말에 보통 식구들과 밖에 놀러가요. 때로는 등산하러 가고 때로는 공원에 가요.

4 회사생활 (MP3) 3-04-1 ·········· p.37

1. 🎧녹음대본 你们公司周末加班吗？당신의 회사는 주말에 특근하나요？

💬모범답안 我们公司周末加班，平时也加班，每天八点上班，八点下班，所以我觉得非常累。우리 회사는 주말에 특근하고, 평소에도 잔업을 합니다. 매일 8시 출근하고 8시에 퇴근하기 때문에 매우 피곤합니다.

2. 🎧녹음대본 你对你的工作满意吗？당신은 당신의 일에 대해 만족하나요？

💬모범답안 很满意，我们公司工资高、福利待遇也非常好，另外我的上司和同事们也非常好，所以我很满意。아주 만족합니다. 우리 회사는 월급이 많고 복지혜택도 아주 좋습니다. 그리고 저희 상사와 동료들도 좋아서 저는 아주 만족합니다.

3. 🎧녹음대본 会议什么时候开始？회의는 언제 시작해요？

💬모범답안 会议十点开始，在三楼的会议室，我们都要参加。회의는 10시에 시작하고, 3층 회의실에서 합니다. 우리 모두 참석해야 해요.

5 물건에 대한 소견 말하기 3-05-1 ·········· p.39

1. 🎧녹음대본 这件衣服真适合你！이 옷은 당신에게 정말 잘 어울리네요!

   💬모범답안 我也觉得很漂亮，质量好、式样新、颜色也不错，多少钱？제 생각에도 예쁜 것 같아요. 품질이 좋고, 디자인이 새롭고 색상도 좋아요. 얼마예요?

2. 🎧녹음대본 你想要什么样的手机？어떤 핸드폰을 원하십니까？

   💬모범답안 我想要三星的手机，因为三星的手机质量好、式样新、颜色也不错，这个手机多少钱？삼성 핸드폰을 원해요. 삼성 핸드폰은 품질이 좋고, 디자인이 새롭고 색상도 좋아요. 이 핸드폰은 얼마예요？

3. 🎧녹음대본 这是你新买的手机吗？이것은 네가 새로 산 핸드폰이야？

   💬모범답안 是的，我的手机坏了，所以买了一个新手机，这个手机容量大、像素高，而且不太贵。맞아, 내 핸드폰이 망가져서 새 핸드폰 하나 샀어. 이 핸드폰은 용량이 크고, 화소가 높고 게다가 그다지 비싸지도 않아.

유형마스터 1회 🎵 3-11-1 ·········· p.39

1. 🎧녹음대본 你想买什么？무엇을 사려고 합니까？

   💬모범답안 我想买一双运动鞋，最好是舒服一点儿的，价钱没关系，你给我推荐一下。운동화 한 켤레 사려고 합니다. 편할 것으로 주세요. 가격은 상관 없으니 추천 좀 해주세요.

2. 🎧녹음대본 鸡肉卖没了，只有猪肉。닭고기는 다 팔리고 돼지고기만 있습니다.

   💬모범답안 是吗？那怎么办？我很喜欢吃鸡肉，我明天再来吧。그래요？그럼 어떻게 하죠？저는 닭고기를 아주 좋아하거든요. 내일 다시 올게요.

3. 🎧녹음대본 今天我有约会，明天见面怎么样？오늘 제가 약속이 있어서 내일 만나는 것이 어떻습니까？

   💬모범답안 真不好意思，最近我们公司工作很忙，每天晚上都要加班，所以明天我没时间，要不我们星期五晚上见面吧。정말 미안한데요, 요즘 우리 회사 일이 너무 바빠서 매일 저녁에 야근해야 하기 때문에 시간이 없습니다. 아니면 금요일 저녁에 만납시다.

4. 🎧녹음대본 小李为什么没来上班，你知道吗？샤오리가 왜 출근을 안 했는지 당신 알아요？

   💬모범답안 他感冒了，发烧、头疼、嗓子疼，所以他去医院了。그는 감기에 걸렸어요. 열이 나고 머리가 아프고 목도 아파서 병원에 갔습니다.

5. 🎧녹음대본 办公用品都买好了吗？사무용품 모두 사났어요？

   💬모범답안 真对不起，最近我工作很忙，没有时间，今天下午去买，可以吗？정말 죄송합니다. 요즘 제가 일이 바빠서 시간이 없었습니다. 오늘 오후에 사러 갈게요, 그래도 될까요？

유형마스터 2회 🎵 3-12-1 ·········· p.40

1. 🎧녹음대본 这家饭店太贵了，我们去别的饭店吧。이 식당 너무 비싸네요. 우리 다른 식당 갑시다.

   💬모범답안 好的，那我们去吃烤肉吧，这附近有一家烤肉店，又便宜又好吃。좋아요. 그럼 우리 불고기 먹으러 갑시다. 이 근처에 불고기집 하나 있는데 싸고 맛있습니다.

2. 🎧녹음대본 今天天气真好，我们应该出去散散步。오늘 날씨 정말 좋네요, 우리 밖에 나가서 산책 좀 해요.

   💬모범답안 是啊，今天天气真好！如果你不忙的话，我们一起去公园儿散步吧，那里空气非常好，还有很多花，很漂亮。我们可以一边散步，一边聊天儿。그러네요, 오늘 날씨가 정말 좋네요！당신이 바쁘지 않으면 우리 같이 공원에 가서 산책해요. 그곳은 공기가 좋고, 많은 꽃이 있어 아주 예뻐요. 산책하면서 이야기도 할 수 있잖아요.

3. 🎧녹음대본 这是我昨天新买的衣服，你觉得怎么样？이것은 내가 어제 새로 산 옷인데, 네 생각엔 어때？

   💬모범답안 我觉得很漂亮，质量好、式样新、颜色也不错，多少钱？在哪儿买的？내가 볼 때 예쁜 것 같아. 품질이 좋고, 디자인이 새롭고 색상도 좋네. 얼마야？어디에서 샀어？

4. 🎧녹음대본 有没有找我的电话？저를 찾는 전화가 있었나요？

   💬모범답안 金部长找你，他说：今天上午十点，在三楼的会议室开会，我们都要参加。김 부장님이 당신을 찾았어요. 김 부장님은 오늘 오전 10시에 3층 회의실에서 회의를 하는데, 우리 모두 참석해야 한다고 하셨습니다.

5. 🎧녹음대본 老公，看样子你要迟到了。여보, 보아하니 당신 지각할 것 같아요.

   💬모범답안 没关系，今天我不开车，我坐地铁，坐地铁不堵车。괜찮아요, 오늘은 운전 안 하고 지하철을 탈 거예요. 지하철을 타면 차가 안 막혀요.

유형마스터 3회 🎵 3-13-1 ·········· p.41

1. 🎧녹음대본 听说你去中国出差，你跟谁一起去？중국에 출장 간다고 들었는데, 누구랑 같이 가세요？

   💬모범답안 我跟金科长一起去，星期一去，星期三回来，一共三天。김 과장님이랑 같이 갑니다. 월요일에 갔다가 수요일에 돌아와요. 총 3일입니다.

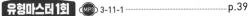

2. 🔊녹음대본 今天桔子很便宜，你不买一些吗? 오늘 귤이 아주 싼데 좀 사지 않으실래요?

💬모범답안 好的，我的孩子很喜欢吃桔子，多少钱? 可以刷卡吗? 좋아요, 우리 아이가 귤을 아주 좋아해요. 얼마예요? 카드로 결제할 수 있나요?

3. 🔊녹음대본 你想住什么样的饭店? 당신은 어떤 호텔에 투숙하고 싶나요?

💬모범답안 我想住五星级饭店，因为五星级饭店很干净，交通非常方便，早餐也很好吃。 저는 5성급 호텔에 투숙하고 싶어요. 5성급 호텔은 깨끗하고 교통도 매우 편리하고 조식도 맛있거든요.

4. 🔊녹음대본 听说你考进了一家新公司，那家公司怎么样? 새 회사에 들어갔다고 들었는데, 그 회사 어때요?

💬모범답안 我们公司工资高、福利待遇也非常好，另外我的上司和同事们也非常好，所以我很满意。 우리 회사는 월급이 많고 복지혜택도 아주 좋습니다. 그리고 저희 상사와 동료들도 아주 좋아서 저는 만족합니다.

5. 🔊녹음대본 你帮我准备一下会议资料，好吗? 회의자료 준비하는 것 좀 도와줄 수 있나요?

💬모범답안 真对不起，现在我很忙，我在写报告，所以我不能帮你，你问问多多吧。 정말 죄송해요. 제가 지금 바빠요. 보고서를 쓰고 있어서 당신을 도와줄 수 없어요. 뭐뭐에게 물어보세요.

유형마스터 4회 (MP3) 3-14-1 .... p.42

1. 🔊녹음대본 你脸色不太好，你哪儿不舒服? 당신 안색이 좀 안 좋은 것 같은데 어디가 불편해요?

💬모범답안 我好像感冒了，发烧、头疼、嗓子疼，所以我想去医院看看。 감기에 걸린 것 같아요. 열이 나고 머리가 아프고 목도 아픕니다. 그래서 병원에 가봐야 할 것 같아요.

2. 🔊녹음대본 小李生孩子了，你知道吗? 샤오리가 아이를 낳았어. 너 알고 있니?

💬모범답안 我不知道，儿子还是女儿? 下班以后我们一起去看她吧。 몰라. 아들이야 딸이야? 퇴근 후에 같이 그녀를 보러 가자.

3. 🔊녹음대본 我们一起去英语补习班吧。 우리 같이 영어학원 가자.

💬모범답안 真不好意思，下个月我要参加TSC考试，我得努力学习汉语，所以不能跟你一起去英语补习班。 정말 미안한데. 다음 달 난 TSC시험을 봐야 하기 때문에 중국어를 열심히 공부해야 해. 그래서 너와 함께 영어학원에 갈 수 없어.

4. 🔊녹음대본 你带雨伞去了吗? 우산 가지고 갔니?

💬모범답안 我没带雨伞，不过，没关系，我跟朋友一起

回家，你放心吧。 우산 안 가지고 왔어요. 그런데 괜찮아요. 친구랑 같이 집에 가니깐 걱정하지 마세요.

5. 🔊녹음대본 你怎么了? 看上去好像很累的样子。 너 왜 그래? 힘들어 보이는데.

💬모범답안 最近我工作太忙了，每天都要加班，所以我觉得很累。 요즘 일이 너무 바빠서 매일 야근해야 하거든. 그래서 너무 힘들어.

유형마스터 5회 (MP3) 3-15-1 .... p.43

1. 🔊녹음대본 你要什么? 무엇을 드릴까요?

💬모범답안 我要一杯红茶和一杯水，有没有韩文报纸? 홍차 한 잔과 물 한 잔 주세요. 한국 신문 있나요?

2. 🔊녹음대본 吃完饭以后，我们去外边散步吧。 식사를 다 한 다음 우리 같이 밖에 나가서 산책합시다.

💬모범답안 好啊! 今天天气非常好，我们去公园儿散步吧，那里空气很好，还有很多花，非常漂亮。 좋아요! 오늘 날씨가 매우 좋네요. 우리 공원에 가서 산책해요. 그곳은 공기가 좋고 또 꽃도 많이 있어 아주 예쁩니다.

3. 🔊녹음대본 我要去你们公司，你们公司有停车场吗? 당신의 회사에 가려고 하는데, 당신 회사에 주차장이 있나요?

💬모범답안 我们公司有停车场，而且免费，你到我们公司以后，给我打电话吧。 저희 회사는 주차장이 있습니다. 게다가 무료입니다. 저희 회사에 도착하시면 저에게 전화해 주세요.

4. 🔊녹음대본 麻烦你打扫一下房间，好吗? 미안한데 방 청소 좀 하면 안 돼?

💬모범답안 真不好意思，我现在很忙，没有时间，晚上打扫，可以吗? 정말 미안한데, 나 지금 많이 바쁘거든, 저녁에 청소하면 안 될까?

5. 🔊녹음대본 会议什么时候结束? 회의는 언제 끝납니까?

💬모범답안 五点结束，结束以后我们一起吃饭吧，我请客。 5시에 끝납니다. 끝나면 우리 같이 식사합시다. 제가 살게요.

실전테스트 1회 (MP3) 3-21-1 .... p.44

1. 🔊녹음대본 她在做什么? 그녀는 무엇을 하고 있습니까?
💬모범답안 她在洗衣服。 그녀는 빨래하고 있습니다.

2. 🔊녹음대본 现在几点? 지금은 몇 시입니까?
💬모범답안 六点三刻。 6시 45분입니다.

3. 🔊녹음대본 床上有什么? 침대 위에는 무엇이 있습니까?
💬모범답안 床上有一顶帽子。 침대 위에는 모자 하나가 있습니다.

4. 🔊녹음대본 孩子们在跑步吗? 아이들은 달리기를 하고 있습니까?

○모범답안 没有，他们在上课。 아니요, 아이들은 수업하고 있습니다.

5. ●녹음대본 你对我们饭店的饭菜满意吗？ 저희 식당의 식사에 대해 만족하십니까?

○모범답안 很满意，你们饭店的烤肉很好吃，而且不太贵，我很喜欢，下次我想跟我的家人一起来。 만족합니다. 이 식당의 불고기가 아주 맛있고 게다가 비싸지도 않네요. 너무 좋아요. 다음에 저희 가족들과 함께 올 생각입니다.

6. ●녹음대본 对不起，没有单人间。 죄송합니다. 1인실은 없습니다.

○모범답안 是吗？那有双人间吗？多少钱？ 그래요? 그럼 2인실 있나요? 얼마예요?

7. ●녹음대본 你跟我一起参加会议吧。 저랑 같이 회의 참석합시다.

○모범답안 真不好意思，我现在很忙，我在写报告，所以我不能参加会议。 정말 미안해요. 저는 지금 너무 바빠요. 보고서를 쓰고 있어서 회의에 참석할 수 없어요.

8. ●녹음대본 出差日程安排好了吗？ 출장 일정 다 짜 놨어요?

○모범답안 已经安排好了，从星期一到星期三，一共三天，你放心吧。 이미 다 짜 놨어요. 월요일부터 수요일까지 모두 3일입니다. 걱정하지 마세요.

9. ●녹음대본 你去过中国吗？ 중국에 가본 적이 있니?

○모범답안 我去过中国，我觉得中国很大、很漂亮，另外，我觉得中国菜也非常好吃。 나는 중국에 가본 적이 있어. 중국은 크고 예쁜 것 같아. 그리고 중국요리도 아주 맛있어.

실전테스트 2회 (MP3) 3-22-1 .... p.48

1. ●녹음대본 现在几点？ 지금 몇 시입니까?
○모범답안 七点半。 7시 반입니다.

2. ●녹음대본 男的要做什么？ 남자는 무엇을 하려고 합니까?
○모범답안 他要下车。 그는 차에서 내리려고 합니다.

3. ●녹음대본 床在哪儿？ 침대는 어디에 있습니까?
○모범답안 床在桌子旁边。 침대는 테이블 옆에 있습니다.

4. ●녹음대본 圆珠笔多长？ 볼펜은 얼마나 깁니까?
○모범답안 十一厘米。 11cm입니다.

5. ●녹음대본 欢迎光临，你们一共几位？ 어서 오세요. 모두 몇 분인가요?
○모범답안 一共八个人，我已经预订了，你查一下，我叫南南。 모두 8명입니다. 제가 이미 예약을 했으니 조회해보세요. 제 이름은 남남입니다.

6. ●녹음대본 你的咖啡要加糖吗？ 당신의 커피에 설탕을 넣어 드릴까요?

○모범답안 谢谢，不用了，我不喜欢吃甜的。 고맙지만 괜찮습니다. 저는 단 것을 좋아하지 않거든요.

7. ●녹음대본 下班以后，我们一起喝酒吧。 퇴근 후에 우리 같이 술 마시러 가요.

○모범답안 真不好意思，最近我工作很忙，每天都要加班，所以不能跟你一起去喝酒。 정말 미안한데요, 요즘 제가 일이 바빠서 매일 야근해야 해요. 그래서 당신과 술을 마시러 갈 수 없어요.

8. ●녹음대본 你为什么迟到了？ 왜 지각했어요?
○모범답안 真不好意思，今天路上堵车堵得很厉害，所以来晚了。 정말 죄송합니다. 오늘 차가 너무 막혀서 늦게 왔습니다.

9. ●녹음대본 你常常去爬山吗？ 자주 등산하러 가나요?
○모범답안 是的，我常常去爬山，因为我喜欢爬山，我觉得爬山对身体非常好。 네, 자주 등산하러 가요. 저는 등산을 좋아하거든요. 등산은 건강에 아주 좋은 것 같습니다.

실전테스트 3회 (MP3) 3-23-1 .... p.52

1. ●녹음대본 钱在哪儿？ 돈은 어디에 있습니까?
○모범답안 钱在钱包里。 돈은 지갑 안에 있습니다.

2. ●녹음대본 他在做什么？ 그는 무엇을 하고 있습니까?
○모범답안 他在睡觉。 그는 자고 있습니다.

3. ●녹음대본 三一二路汽车几点出发？ 312번 버스는 몇 시에 출발합니까?
○모범답안 十点一刻。 10시 15분입니다.

4. ●녹음대본 桌子上有什么？ 책상 위에는 무엇이 있습니까?
○모범답안 桌子上有一本书和两个本子。 책상 위에는 책 한 권과 노트 두 개가 있습니다.

5. ●녹음대본 你昨天没来学校，有什么事儿吗？ 너 어제 학교에 안 왔던데 무슨 일 있었어?
○모범답안 我感冒了，发烧、头痛、嗓子疼，所以我去医院了。 감기에 걸렸어. 열이 나고 머리가 아프고 목도 아파서 병원에 갔어.

6. ●녹음대본 听说你跟同事们去旅行，是吗？ 동료들과 여행 간다고 들었는데, 맞아요?
○모범답안 是的，我们想去济州岛，济州岛很漂亮，有汉拿山，还有很多好吃的东西，比如桔子、黑猪肉等。 네, 우리는 제주도에 가려고 해요. 제주도는 예쁘고, 한라산도 있고, 맛있는 것도 많아요. 예컨대 귤, 흑돼지 등이에요.

7. ●녹음대본 我有一件事儿，想跟你商量一下。 당신과 상의할 일이 하나 있어요.
○모범답안 什么事儿？我现在很忙，我在准备会议资料，你等一会儿，好吗？ 무슨 일이시죠? 제가 지금 바쁩니다. 회의자료를 준비하고 있거든요. 잠시만 기다려 주실래요?

8. 🎧녹음대본 你喜欢什么运动? 당신은 어떤 운동을 좋아하나요?

💬모범답안 我喜欢游泳, 我觉得游泳对身体非常好, 所以我经常去游泳。 저는 수영을 아주 좋아해요. 수영은 몸에 아주 좋다고 생각해서 저는 자주 수영하러 갑니다.

9. 🎧녹음대본 你吃早饭了吗? 아침 드셨습니까?

💬모범답안 吃了, 我吃了一个面包和一个鸡蛋, 你呢? 你吃早饭了吗? 먹었습니다. 빵 한 개와 계란 한 개를 먹었어요. 당신은요? 아침 드셨나요?

실전테스트 4회 🎧MP3 3-24-1 ································ p.56

1. 🎧녹음대본 桌子上有什么? 테이블 위에는 무엇이 있습니까?

💬모범답안 桌子上有一个手机。 테이블 위에는 핸드폰 하나가 있습니다.

2. 🎧녹음대본 她买了什么? 그녀는 몇 권의 책을 샀습니까?

💬모범답안 她买了两本书。 그녀는 두 권의 책을 샀습니다.

3. 🎧녹음대본 她在做什么? 그녀는 무엇을 하고 있습니까?

💬모범답안 她在买面包。 그녀는 빵을 사고 있습니다.

4. 🎧녹음대본 个子高的人今年多大? 키가 큰 사람은 나이가 몇 살입니까?

💬모범답안 三十九岁。 39세입니다.

5. 🎧녹음대본 我的手机坏了, 怎么办啊? 내 핸드폰이 망가졌는데 어떻게 하지?

💬모범답안 你买一个新手机吧, 我觉得三星的手机质量好、式样新、价格也不太贵。 새 핸드폰 하나 사. 내 생각엔 삼성 핸드폰이 품질이 좋고 디자인도 새롭고 가격도 그다지 비싸지 않은 것 같아.

6. 🎧녹음대본 今天你穿得真漂亮! 去哪儿啊? 오늘 정말 예쁘게 차려 입었네요! 어디에 가세요?

💬모범답안 谢谢你! 这是我新买的衣服, 因为我要去面试, 所以我很紧张。 고마워요! 이것은 제가 새로 산 옷이에요. 저는 면접 보러 가거든요. 그래서 긴장이 많이 되네요.

7. 🎧녹음대본 下课以后我们一起做作业吧。 수업 끝나고 우리 같이 숙제하자.

💬모범답안 真不好意思, 下课以后我要去汉语补习班, 所以不能跟你一起做作业。 정말 미안한데, 수업 끝나고 난 중국어 학원에 가야해서 너랑 같이 숙제 할 수 없어.

8. 🎧녹음대본 你明天去出差, 要去多长时间? 당신 내일 출장가는데 며칠 걸리나요?

💬모범답안 大概三天, 这是我第一次去出差, 而且是跟我们老板一起去, 所以我很紧张。 약 3일요. 저는 처음 출장 가는데 저희 사장님이랑 같이 갑니다. 그래서 많이 긴장됩니다.

9. 🎧녹음대본 爸爸, 我考试得了第一名。 아빠, 제가 시험에서 1등 했어요.

💬모범답안 真的吗? 太好了, 你真了不起。 정말이니? 아주 잘됐구나, 정말 대단해.

실전테스트 5회 🎧MP3 3-25-1 ································ p.60

1. 🎧녹음대본 在这里不可以做什么? 이곳에서 무엇을 할 수 없습니까?

💬모범답안 在这里不可以停车。 이곳에는 주차할 수 없습니다.

2. 🎧녹음대본 他们在哪儿? 그들은 어디에 있습니까?

💬모범답안 他们在电影院里。 그들은 영화관에 있습니다.

3. 🎧녹음대본 女孩子得了多少分? 여자 아이는 몇 점을 맞았습니까?

💬모범답안 九十二分。 92점을 맞았습니다.

4. 🎧녹음대본 椅子在哪儿? 의자는 어디에 있습니까?

💬모범답안 椅子在树旁边。 의자는 나무 옆에 있습니다.

5. 🎧녹음대본 这是你新买的手机吗? 이것이 네가 새로 산 핸드폰이야?

💬모범답안 是的, 我的手机坏了, 所以买了一个新手机, 这个手机容量大、像素高, 而且不太贵。 그래, 내 핸드폰이 망가져서 새 핸드폰 하나 샀어. 이 핸드폰은 용량이 크고, 화소가 높고 게다가 그다지 비싸지도 않아.

6. 🎧녹음대본 你在哪儿学汉语? 당신은 어디에서 중국어를 배우나요?

💬모범답안 我在公司学习汉语, 我觉得汉语很难, 不过很有意思。 회사에서 중국어를 배워요. 제 생각에 중국어는 어렵지만 아주 재미있어요.

7. 🎧녹음대본 公共汽车站在哪儿? 버스정류장이 어디예요?

💬모범답안 真对不起, 我不知道, 你问别人吧。 정말 미안합니다. 저도 잘 모르겠습니다. 다른 사람에게 물어보세요.

8. 🎧녹음대본 你经常去图书馆借书吗? 당신은 자주 도서관에 가서 책을 빌립니까?

💬모범답안 是的, 我经常去图书馆借书, 因为我喜欢看书, 每天坐地铁的时候, 我一边看书, 一边听音乐, 我觉得非常好。 네, 저는 자주 도서관에 가서 책을 빌립니다. 왜냐하면 제가 책 보는 것을 아주 좋아하기 때문입니다. 매일 지하철을 탈 때 저는 책을 보면서 음악을 듣습니다. 아주 좋은 것 같습니다.

9. 🎧녹음대본 你昨晚睡得好吗? 어제 저녁에 잘 주무셨나요?

💬모범답안 不太好, 因为我感冒了, 发烧、头疼、嗓子疼, 所以睡得不太好。 잘 못 잤어요. 감기 걸려서 열이 나고, 머리가 아프고, 목도 아파서 잘 못 잤어요.

제4부분

확인 문제

1 교통 (MP3) 4-01-1 .... p.68

1. 🔊녹음대본 如果条件允许的话，你会骑自行车上下班吗？ 조건이 된다면 당신은 자전거를 타고 출퇴근하겠습니까?

   💬모범답안 即使条件允许，我也不会骑自行车上下班。我觉得骑自行车很累，而且需要很长时间，另外如果骑自行车上下班的话，穿衣服也受限制，所以我不会骑自行车上下班，我觉得坐地铁更舒服。 여건이 허락할지라도 저는 자전거를 타고 출퇴근하지 않을 것입니다. 자전거를 타면 너무 힘들고 시간도 오래 걸립니다. 그리고 자전거를 타고 출퇴근하면 옷을 입을 때도 제한을 받습니다. 그래서 저는 자전거를 타고 출퇴근하지 않을 것입니다. 지하철을 타는 것이 더 편하다고 생각합니다.

2. 🔊녹음대본 你经常乘坐什么交通工具？ 당신은 어떤 교통수단을 자주 이용합니까?

   💬모범답안 我经常坐地铁，坐地铁又快又便宜，而且还不堵车，在地铁里可以看书，还可以听音乐。不过周末出去玩儿或者买东西的时候，我一般开车。 저는 지하철을 자주 탑니다. 지하철은 빠르고 쌀뿐만 아니라 차도 막히지 않습니다. 지하철 안에서 책을 볼 수도 있고 음악도 들을 수 있습니다. 그러나 주말에 놀러 갈 때나 물건을 살 때 저는 보통 운전을 합니다.

3. 🔊녹음대본 跟十年前比，韩国的交通状况发生了哪些变化？ 10년 전과 비교하여 한국의 교통상황은 어떤 변화가 있습니까?

   💬모범답안 第一、公交车和地铁线路越来越多了，特别是地铁，原来只有7条线路，现在已经有14条线路了。第二、高架、高速公路也越来越多了，所以出行非常方便。第三、汽车也越来越多了，所以节假日和上下班的时候堵车堵得非常厉害。 첫째, 버스와 지하철 노선이 점점 많아지고 있습니다. 특히 지하철은 원래 7개의 노선밖에 없었는데 지금은 이미 14개의 노선이 있습니다. 둘째, 고가와 고속도로가 점점 많아지고 있습니다. 그래서 외출할 때 아주 편리합니다. 셋째, 자동차도 점점 많아지고 있습니다. 그래서 명절과 출퇴근 시 차가 아주 많이 막힙니다.

2 회사 (MP3) 4-02-1 .... p.69

1. 🔊녹음대본 一天中最忙的时候是什么时候？ 하루 중 당신이 가장 바쁜 때는 언제입니까?

   💬모범답안 早上我最忙，我一般早上六点起床，然后洗脸、刷牙、做饭，大概七点吃饭，八点出门，我一般坐地铁上班，地铁里人很多，但是我喜欢坐地铁，因为在地铁里可以看书，也可以听音乐。 아침에 가장 바쁩니다. 저는 보통 아침 6시에 일어납니다. 그다음 세수하고 양치질하고 밥하고, 대략 7시에 식사하고 8시에 집을 나섭니다. 저는 보통 지하철을 타고 출근합니다. 지하철에는 사람이 아주 많지만 저는 지하철 타는 것을 좋아합니다. 그 이유는 지하철 안에서 책을 볼 수도 있고 음악도 들을 수 있기 때문입니다.

2. 🔊녹음대본 如果你们公司搬家的话，你希望搬到什么地方？为什么？ 당신의 회사가 이사를 간다면 어떤 곳으로 이사하기를 바랍니까? 이유는?

   💬모범답안 如果我们公司搬家的话，我希望搬到明洞附近，因为明洞交通非常方便，有地铁二号线和四号线，还有很多公共汽车站。另外还有百货商店、酒店、很多咖啡厅和银行，所以买东西、办事非常方便。 우리 회사가 이사를 한다면 명동 근처로 갔으면 좋겠습니다. 명동은 교통이 아주 편리합니다. 지하철 2호선과 4호선이 있고 버스정류장도 많습니다. 그리고 백화점, 호텔, 많은 커피숍과 은행이 있어 쇼핑과 볼일 보기가 아주 편리합니다.

3. 🔊녹음대본 你不喜欢什么样的上司？ 당신은 어떤 상사를 싫어합니까?

   💬모범답안 我的上司是个工作狂，每天很晚才下班，所以我们也不敢早下班。另外，他性格很急，经常发火，所以我压力很大，我真的不喜欢这样的上司，但是没办法。 저의 상사는 일벌레입니다. 매일 아주 늦게 퇴근하기 때문에 저희는 감히 일찍 퇴근하지 못합니다. 그리고 그는 성격이 급하고 자주 화를 내서 저는 스트레스를 아주 많이 받습니다. 저는 이런 상사가 정말 싫지만 방법이 없습니다.

3 여가생활 (MP3) 4-03-1 .... p.70

1. 🔊녹음대본 你喜欢什么运动？ 당신은 어떤 운동을 좋아합니까?

   💬모범답안 我喜欢打篮球、打乒乓球和爬山，其中我最喜欢的是爬山，山上风景秀丽，空气也很新鲜，另外还可以锻炼身体，所以周末我常常跟朋友一起去爬山。 저는 농구, 탁구와 등산을 좋아합니다. 그 중 가장 좋아하는 것은 등산입니다. 산에는 경치가 아름답고 공기도 아주 신선합니다. 그리고 신체단련도 할 수 있어 주말에 저는 친구와 함께 자주 등산하러 갑니다.

2. 🔊녹음대본 你喜欢看什么电视节目? 당신은 어떤 TV 프로그램 보는 것을 좋아합니까?

💬모범답안 我最喜欢看的电视节目是棒球比赛, 如果有时间的话, 我去现场看棒球比赛, 如果没有时间的话, 我一般在家里看棒球比赛, 一边看比赛, 一边喝啤酒, 不仅可以缓解压力, 还可以放松一下。 제가 가장 좋아하는 TV 프로그램은 야구경기입니다. 시간이 있으면 현장에 가서 야구경기를 보고, 시간이 없으면 집에서 야구경기를 봅니다. 경기를 보면서 맥주를 마시면 스트레스를 풀 수도 있을 뿐만 아니라 긴장도 풀 수 있습니다.

3. 🔊녹음대본 你觉得你的文化生活丰富吗? 당신은 당신의 문화생활이 풍부하다고 생각합니까?

💬모범답안 我觉得我的文化生活比较丰富, 每天下班以后我一般去健身房运动, 我觉得运动对身体非常好, 周末休息的时候, 我喜欢跟朋友一起去看电影, 看完电影以后, 我们常常一起去咖啡厅喝咖啡。 저는 저의 문화생활은 비교적 풍부하다고 생각합니다. 매일 퇴근 후 저는 보통 헬스클럽에 가서 운동을 합니다. 운동은 건강에 아주 좋다고 생각합니다. 주말에 쉴 때 저는 친구와 함께 영화 보러 갑니다. 영화를 다 본 다음 커피숍에 가서 커피를 마십니다.

4 인터넷 (MP3) 4-04-1 .... p.71

1. 🔊녹음대본 你一般什么时候上网? 당신은 보통 언제 인터넷을 합니까?

💬모범답안 我每天都上网, 早上上班的时候, 我在地铁里上网看新闻、看电视。 到公司以后, 我上网收发电子邮件, 下班以后我喜欢在家里上网聊天儿。 저는 매일 인터넷을 합니다. 아침에 출근할 때 지하철 안에서 인터넷에 접속하여 뉴스와 TV를 봅니다. 회사에 도착하면 인터넷으로 이메일을 주고받고 퇴근하면 집에서 인터넷으로 채팅하는 것을 좋아합니다.

2. 🔊녹음대본 你常在网上购物吗? 당신은 자주 인터넷쇼핑을 합니까?

💬모범답안 我常常在网上购物, 网上购物又便宜又好, 而且还送货到家, 不用去商店, 非常方便, 所以我喜欢在网上买东西。 저는 자주 인터넷에서 물건을 삽니다. 인터넷쇼핑은 싸고 좋을 뿐만 아니라 게다가 집까지 배달도 하기 때문에 상점에 갈 필요가 없어 아주 편리합니다. 그래서 저는 인터넷에서 물건을 사는 것을 좋아합니다.

3. 🔊녹음대본 因特网给我们的生活带来了哪些好处? 인터넷은 우리 생활에 어떤 좋은 점을 가져다 주었습니까?

💬모범답안 因特网给我们的生活带来了很多好处。 我们可以上网看新闻、看电视、看电影、听音乐、玩儿游戏、聊天儿, 还可以购物, 预订酒店和飞机票, 因特网让我们的生活更舒适、更方便了, 现在我们的生活离不开因特网了。 인터넷은 우리 생활에 좋은 점을 많

이 가져다 주었습니다. 우리는 인터넷으로 뉴스, TV, 영화를 볼 수 있고, 음악을 들을 수 있으며, 게임과 채팅을 할 수 있습니다. 또한, 쇼핑도 할 수 있고, 호텔과 비행기표도 예약할 수 있습니다. 인터넷은 우리의 생활을 더 편안하고 더 편리하게 하였으며 지금 우리의 생활은 인터넷이 없어서는 안 됩니다.

5 쇼핑 (MP3) 4-05-1 .... p.72

1. 🔊녹음대본 你一般在哪儿买衣服? 为什么? 당신은 보통 어디에서 옷을 삽니까? 이유는?

💬모범답안 我一般在百货商店买衣服。 因为百货商店里的衣服质量好、式样新, 而且能穿很长时间。 另外, 如果有什么问题的话, 可以退, 也可以换。 所以我一般在百货商店买衣服。 저는 보통 백화점에서 옷을 삽니다. 백화점의 옷은 품질이 좋고 디자인이 새롭고 게다가 아주 오랫동안 입을 수 있기 때문입니다. 그리고 무슨 문제가 있으면 반품할 수도 있고 교환할 수도 있으므로 저는 보통 백화점에서 옷을 삽니다.

2. 🔊녹음대본 买东西的时候, 你先看价格还是质量? 为什么? 물건을 살 때 당신은 먼저 가격을 봅니까, 아니면 품질을 봅니까? 이유는?

💬모범답안 买东西的时候, 我一般先看价格, 因为我的收入不太高, 所以我买不起贵的东西。 当然质量也很重要, 所以我喜欢买经济实惠的东西。 물건을 살 때 저는 보통 가격을 먼저 봅니다. 저는 수입이 많지 않기 때문에 비싼 물건을 사지 못합니다. 물론 품질도 아주 중요합니다. 그래서 저는 경제적이고 실속있는 물건을 사는 것을 좋아합니다.

3. 🔊녹음대본 你常常买刚刚上市的新产品吗? 당신은 자주 막 출시된 신제품을 삽니까?

💬모범답안 我不常买刚刚上市的新产品, 因为我的工资不太高, 但是每个月的支出很大, 所以我比较节俭, 我不喜欢买东西, 更不喜欢买贵的东西, 一般来说刚刚上市的新产品都比较贵, 所以我一般不会买。 저는 막 출시된 신제품을 자주 사지 않습니다. 제 월급은 그다지 많지 않은데 지출은 아주 많기 때문에 저는 비교적 절약하는 편입니다. 저는 쇼핑하는 것을 좋아하지 않고 비싼 물건을 사는 것은 더더욱 좋아하지 않습니다. 일반적으로 막 출시된 신제품은 좀 비싸기 때문에 저는 보통 사지 않습니다.

유형마스터1회 (MP3) 4-11-1 .... p.73

1. 🔊녹음대본 你们公司聚餐的时候, 一般吃什么? 당신의 회사는 회식할 때 보통 무엇을 먹습니까?

💬모범답안 我们公司聚餐的时候一般吃五花肉, 因为五花肉又便宜又好吃, 我们一边吃肉一边喝酒一边聊天儿, 不仅气氛好, 心情也非常愉快, 所以我们公司常

常聚餐。우리 회사는 회식할 때 보통 삼겹살을 먹습니다. 삼겹살은 싸고 맛있기 때문입니다. 고기를 먹으면서 술도 마시고 이야기를 하면 분위기가 좋을 뿐만 아니라 기분도 아주 좋습니다. 그래서 우리 회사는 자주 회식을 합니다.

2. 🔴녹음대본 你毕业的学校，周围环境怎么样？ 당신이 졸업한 학교의 주변환경은 어떻습니까?

💬모범답안 我们学校周围环境非常好。我们学校附近有地铁站和很多公共汽车站，所以交通非常方便。另外还有书店和商店，所以买东西也非常方便。此外，还有一个公园儿，那里空气很好，还有很多花，所以我们经常去那里散步。우리 학교의 주변환경은 아주 좋습니다. 학교 근처에 지하철역과 많은 버스정류장이 있어 교통이 아주 편리합니다. 그리고 서점과 상점도 있어 쇼핑하기도 아주 편리합니다. 그뿐만 아니라 공원도 하나 있습니다. 그곳은 공기가 좋고 꽃도 많아 우리는 자주 그곳에 가서 산책합니다.

3. 🔴녹음대본 退休以后你打算做什么？ 퇴직 후 당신은 무엇을 할 계획입니까?

💬모범답안 退休以后我打算回老家种地，我老家在农村，那里空气非常好，有山有水，小时候我经常去河里游泳，有时跟朋友们一起去爬山。现在我非常想念我的老家，所以我打算退休以后回老家生活。퇴직 후 저는 고향에 돌아가 농사를 지을 계획입니다. 저의 고향은 시골입니다. 그곳은 공기가 아주 좋고 산도 있고 물도 있습니다. 어렸을 때 자주 강가에 가서 수영을 하고, 때로는 친구들과 함께 등산도 갔습니다. 지금 저는 고향이 아주 그립습니다. 그래서 퇴직 후 고향에 가서 생활할 계획입니다.

4. 🔴녹음대본 你喜欢什么样的老师？ 당신은 어떤 선생님을 좋아합니까?

💬모범답안 我喜欢认真而又幽默的老师，另外老师要了解学生、关心学生，多听学生的意见。老师的上课方法也很重要，要容易，而且还要有意思，我觉得这样的老师是最理想的。저는 진지하고 유머러스한 선생님을 좋아합니다. 그리고 선생님은 학생에 대해 많이 알아야 하고 관심을 기울여야 하며 학생의 의견을 많이 들어야 합니다. 선생님의 교수법도 아주 중요합니다. 쉬워야 하고 재미도 있어야 합니다. 저는 이런 선생님이 가장 이상적인 선생님이라고 생각합니다.

5. 🔴녹음대본 在家工作好还是在公司工作好？ 집에서 근무하는 것이 좋습니까, 아니면 회사에서 근무하는 것이 좋습니까?

💬모범답안 我觉得在公司工作更好，因为在家里工作的话，不能集中精力。另外在家工作的话，没有同事，不仅寂寞，而且如果有不懂的问题，也没办法问。所以，我觉得在公司工作更好。저는 회사에서 근무하는 것이 더 좋다고 생각합니다. 집에서 근무하면 집중할 수 없습니다. 그리고 집에서 근무하면 동료가 없어 적적할 뿐만 아니라 모르는 문제가 있으면 물어볼 방법도 없습니다. 그래서 저는 회사에서 근무하는 것이 더 좋다고 생각합니다.

1. 🔴녹음대본 你养过狗吗？ 당신은 강아지를 키워본 적이 있습니까?

💬모범답안 我没养过狗，因为我住在公寓，所以养狗不太方便，另外我工作很忙，每天早出晚归，有时还去外国出差，所以没有时间照顾小狗。저는 강아지를 키워본 적이 없습니다. 저는 아파트에서 살기 때문에 강아지를 키우기에 불편합니다. 또한, 저는 일이 아주 바빠 매일 일찍 나가서 저녁 늦게 퇴근하며 때로는 외국에 출장도 가기 때문에 강아지를 돌볼 시간이 없습니다.

2. 🔴녹음대본 去外国旅游的时候，你买当地的土特产或者纪念品吗？ 외국에 여행갈 때 당신은 현지 특산품 혹은 기념품을 삽니까?

💬모범답안 我很喜欢旅游，所以过节或者休假的时候，我喜欢去外国旅游，去外国旅游的时候，我喜欢买当地的土特产，因为土特产在别的地方是买不到的，而且价格也不太贵，但是我不喜欢买纪念品，我觉得纪念品用处不太大。저는 여행을 좋아하기 때문에 명절이나 휴가 때 외국으로 여행 가는 것을 좋아합니다. 외국으로 여행 갈 때 저는 현지 특산품을 사는 것을 좋아합니다. 그 이유는 특산품은 다른 곳에서는 살 수 없고, 게다가 가격도 비싸지 않기 때문입니다. 하지만 기념품은 잘 사지 않습니다. 제 생각엔 기념품은 용도가 그렇게 많지 않은 것 같습니다.

3. 🔴녹음대본 你觉得现在韩国的大学学费高不高？ 당신은 현재 한국의 대학교 등록금이 비싸다고 생각합니까?

💬모범답안 我觉得现在韩国的大学学费非常高，现在人均收入不到三万美金，但是大学学费大概是一万美金，所以很多人上不起大学，或者贷款上大学，可是大学毕业之后，找工作又非常难，所以大学生压力很大。저는 현재 한국의 대학교 등록금이 아주 비싸다고 생각합니다. 지금 1인당 수입은 3만 불이 안 되지만 대학교 등록금은 대략 1만 불입니다. 그래서 많은 사람은 돈이 없어 대학에 진학하지 못하거나 대출을 받아 대학을 다닙니다. 하지만 대학을 졸업한 후 일자리를 찾는 것 또한 몹시 어렵습니다. 그래서 대학생의 스트레스는 아주 심합니다.

4. 🔴녹음대본 你一般通过什么方式买书？ 당신은 보통 어떤 방식을 통해 책을 삽니까?

💬모범답안 我一般在网上买书，因为在网上买书又便宜又好，而且还送货到家，所以不用去商店，可以节省时间，非常方便，所以我喜欢在网上买书。저는 보통 인터넷으로 책을 삽니다. 그 이유는 인터넷으로 책을 사면 싸고 좋을 뿐만 아니라 집까지 배달해주기 때문에 상점에 갈 필요도 없고 시간도 절약할 수 있어 아주 편리합니다. 그래서 저는 인터넷으로 책 사는 것을 좋아합니다.

5. 🔴녹음대본 你们公司是什么样的公司？请你简单介绍一下。 당신의 회사는 어떤 회사입니까? 간단하게 소개해 보세요.

💬모범답안 我们公司在首尔，大概有200多员工，主要生产服装，有男装，也有女装，我们公司在中国有工厂，我们经常去中国出差，所以我要努力学习汉语。우리 회사는 서울에 있습니다. 약 200명의 직원이 있으며 주로 의류를 생산합니다. 남성복도 있고 여성복도 있습니다. 우리 회사는 중국에 공장이 있어 우리는 자주 중국으로 출장을 갑니다. 그래서 저는 중국어를 열심히 배워야 합니다.

유형마스터 3회 📀 4-13-1 ·············· p.75

1. 🔊녹음대본 你每天上网吗？请简单谈一谈。당신은 매일 인터넷을 합니까? 간단하게 말해 보세요.

💬모범답안 我每天都上网，早上上班的时候，我在地铁里上网看新闻、看电视。到公司以后，我上网收发电子邮件，下班以后我喜欢在家里上网聊天儿。저는 매일 인터넷을 합니다. 아침에 출근할 때 저는 지하철 안에서 인터넷에 접속하여 뉴스와 TV를 봅니다. 회사에 도착하면 인터넷으로 이메일을 주고받고, 퇴근 후에는 집에서 인터넷으로 채팅하는 것을 좋아합니다.

2. 🔊녹음대본 你一般什么时候用信用卡？당신은 보통 언제 신용카드를 사용합니까?

💬모범답안 买东西、去旅游的时候，我一般都用信用卡。现在我还没有汽车，如果我买汽车的话，我也会用信用卡。我觉得用信用卡非常方便，可以积分，有时还可以打折。물건을 사고 여행을 할 때 저는 보통 신용카드를 사용합니다. 지금 저는 아직 자가용이 없습니다. 만약 자가용을 산다면 저는 신용카드를 사용할 것입니다. 저는 신용카드를 사용하는 것이 아주 편리하다고 생각합니다. 포인트를 적립할 수 있고 때로는 할인도 받을 수 있습니다.

3. 🔊녹음대본 去旅游的时候，你喜欢去安静的地方，还是热闹的地方？여행갈 때 당신은 조용한 곳을 선호합니까, 아니면 시끌벅적한 곳을 선호합니까?

💬모범답안 去旅游的时候，我不喜欢去热闹的地方，我喜欢去安静的地方。一般来说，安静的地方人少、干净，而且比较安全，我可以尽情地享受大自然，还可以让我的心静下来。旅游的目的就是放松心情，所以要避开热闹的城市，选择环境优雅而又安静的地方。여행 갈 때 저는 시끌벅적한 곳을 좋아하지 않고 조용한 곳을 좋아합니다. 일반적으로 조용한 곳은 사람이 적고 깨끗하고 비교적 안전하여 제가 마음껏 자연을 누릴 수 있을 뿐만 아니라 마음도 안정시킬 수 있습니다. 여행의 목적은 바로 긴장을 푸는 것이기 때문에 환경이 좋고 조용한 곳을 선택해야 합니다.

4. 🔊녹음대본 你的性格怎么样？당신의 성격은 어떻습니까?

💬모범답안 我性格很开朗，喜欢交朋友，也喜欢帮助别人，有时候我性格比较急，不过我跟朋友关系很好，周末休息的时候，我经常跟朋友们一起去爬山。저는 성격이 아주 명랑하고 친구 사귀기 좋아하고 남을 도와주는

것도 좋아합니다. 때로는 성격이 좀 급하지만 저는 친구들과 사이가 아주 좋습니다. 주말에 쉴 때는 자주 친구들과 함께 등산하러 갑니다.

5. 🔊녹음대본 你喜欢吃面包、点心和水果之类的食品吗？당신은 빵, 과자류, 과일 같은 식품을 좋아합니까?

💬모범답안 不太喜欢，因为吃面包和点心的话，容易发胖，所以我一般不太喜欢吃。但是我喜欢吃水果，因为水果营养很丰富，对身体非常好。我最喜欢吃的水果是苹果和桔子。그다지 좋아하지 않습니다. 빵과 과자를 먹으면 쉽게 살이 찌기 때문에 저는 보통 잘 먹지 않습니다. 그러나 과일은 아주 좋아합니다. 과일은 영양이 풍부하고 건강에도 아주 좋기 때문입니다. 제가 가장 좋아하는 과일은 사과와 귤입니다.

유형마스터 4회 📀 4-14-1 ·············· p.76

1. 🔊녹음대본 最近你经常跟谁联系？요즘 누구랑 자주 연락합니까?

💬모범답안 最近我经常跟我的好朋友南南联系，他在找工作，不过不太顺利，所以很苦恼。我们常常一起去咖啡厅，一边喝咖啡，一边聊天儿。요즘 저는 친한 친구 남남과 자주 연락합니다. 그는 일자리를 찾고 있는데 순조롭지가 않아 고민이 많습니다. 우리는 자주 함께 커피숍에 가서 커피를 마시면서 이야기합니다.

2. 🔊녹음대본 上班的时候，你穿什么样的衣服？출근할 때 당신은 어떤 옷을 입습니까?

💬모범답안 上班的时候，我一般穿比较正式的衣服。因为我经常参加会议，还要见客户，所以我得穿正装，穿正装虽然不太舒服，不过看上去很气派。출근할 때 저는 보통 비교적 격식을 차린 옷을 입습니다. 저는 자주 회의에 참석하고 또 바이어를 만나야 하기 때문에 정장을 입어야 합니다. 정장을 입으면 그다지 편하지는 않지만 멋져 보입니다.

3. 🔊녹음대본 坐地铁、坐公共汽车时，有没有坐过站的经历？지하철이나 버스를 탈 때 역을 지나친 경험이 있습니까?

💬모범답안 当然有，我家离地铁站很近，所以上班的时候我一般坐地铁，早上五六点的时候，地铁里人不太多，所以有很多座位，坐在椅子上很容易睡着，因为坐过站，我迟到过一次。당연히 있습니다. 우리 집은 지하철역과 가깝습니다. 그래서 저는 출근할 때 보통 지하철을 탑니다. 아침 5, 6시에는 지하철 안에 사람이 그다지 많지 않아 자리가 많습니다. 의자에 앉아 있으면 쉽게 잠들어서 역을 지나쳐 지각한 적도 한 번 있습니다.

4. 🔊녹음대본 如果有两个星期的假期的话，你最想做什么？만약 당신에게 2주의 휴가가 주어진다면 당신이 가장 하고 싶은 것은 무엇입니까?

💬모범답안 如果有两个星期的假期的话，我什么也不想做，我只想好好儿休息一下。因为我每天八点上班，

十点下班，回到家里还要做家务，所以我觉得非常累，我现在最需要的是休息。万约 저에게 2주의 휴가가 주어진다면 저는 아무것도 하지 않고 푹 쉬고 싶습니다. 저는 매일 8시에 출근하고 10시에 퇴근하여 집에 돌아오면 집안일을 해야 하기 때문에 너무 피곤합니다. 지금 제가 가장 필요한 것은 휴식입니다.

5. 🎧녹음대본 你住的城市堵车吗? 당신이 살고 있는 도시는 차가 막힙니까?

💬모범답안 我住在首尔，首尔经常堵车，特别是上下班的时候，堵车堵得非常厉害，所以我一般坐地铁上下班，坐地铁又便宜又方便，在地铁里可以看书，还可以听音乐，我觉得非常好。 저는 서울에 사는데, 서울은 자주 차가 막힙니다. 특히 출퇴근할 때 차가 아주 많이 막히기 때문에 저는 보통 지하철을 타고 출퇴근합니다. 지하철을 타면 싸고 편리합니다. 지하철 안에서 책을 볼 수도 있고 음악도 들을 수 있어 아주 좋습니다.

유형마스터5회 🎧MP3 4-15-1 ······························ p.77

1. 🎧녹음대본 你参加过运动比赛吗? 당신은 운동시합에 참가해본 적이 있습니까?

💬모범답안 我参加过足球比赛，我很喜欢踢足球，上高中的时候，我代表我们班参加过足球比赛，记得比赛的时候很累，也很紧张，不过我觉得很有意思。 저는 축구시합에 참가해본 적이 있습니다. 저는 축구를 아주 좋아합니다. 고등학교 다닐 때 제가 저희 반 대표로 축구시합에 참가한 적이 있는데, 제 기억으로 시합할 때는 힘들기도 하고 긴장도 했지만 아주 재미있었습니다.

2. 🎧녹음대본 你每天花多少零用钱? 당신은 매일 용돈을 얼마나 씁니까?

💬모범답안 大概花一万五千块，我每天坐地铁上班，往返地铁票大概两千五百块，中午吃饭大概花七千五百块。另外我很喜欢喝星巴克的咖啡，所以每天喝咖啡大概花五千块，这样每天大概花一万五千块。 약 15,000원을 씁니다. 매일 지하철을 타고 출근하는데 왕복 티켓이 약 2,500원, 점심식사가 약 7,500원입니다. 그리고 저는 스타벅스 커피를 아주 좋아해서 매일 커피 마시는데 약 5,000원을 씁니다. 이렇게 매일 모두 약 15,000원을 씁니다.

3. 🎧녹음대본 你常常看电视吗? 당신은 자주 TV를 봅니까?

💬모범답안 我工作很忙，每天八点上班，十点下班，所以平时没有时间看电视，但是周末休息的时候，我喜欢看电视，我最喜欢看的电视节目是棒球比赛，一边看比赛一边喝啤酒，不仅可以缓解压力，还可以放松一下。 저는 일이 매우 바쁩니다. 매일 8시에 출근하고 10시에 퇴근하기 때문에 평소에 TV를 볼 시간이 없습니다. 그러나 주말에 쉴 때는 TV를 보는 것을 좋아합니다. 제가 가장 좋아하는 TV 프로그램은 야구경기입니다. 경기를 보면

서 맥주를 마시면 스트레스를 해소할 수 있고 긴장도 풀 수 있습니다.

4. 🎧녹음대본 你喜欢穿什么样的衣服? 당신은 어떤 옷을 좋아합니까?

💬모범답안 我喜欢穿舒服的衣服，比如休闲服、运动服等。我有很多休闲服，上班或者出去玩儿的时候，我一般穿休闲服，运动的时候，我一般穿运动服。 저는 편한 옷을 좋아합니다. 예컨대 캐주얼과 운동복 등입니다. 저는 캐주얼 옷이 매우 많습니다. 출근하거나 나가서 놀 때는 보통 캐주얼을 입고 운동할 땐 보통 운동복을 입습니다.

5. 🎧녹음대본 你觉得保养皮肤的最好方法是什么? 당신은 피부를 관리하는 가장 좋은 방법은 무엇이라고 생각합니까?

💬모범답안 保养皮肤的最好方法是多喝水、多吃蔬菜和水果。我们的皮肤需要很多水分，所以每天一定要多喝水。另外，蔬菜和水果里有很多维生素C、维生素D、维生素A等，对皮肤非常好。当然除了吃以外，还要多运动。 피부를 관리하는 가장 좋은 방법은 물을 많이 마시고 채소와 과일을 많이 먹는 것입니다. 우리의 피부는 수분이 많이 필요합니다. 그래서 반드시 매일 물을 많이 마셔야 합니다. 그리고 채소와 과일엔 비타민C, 비타민 D, 비타민A 등이 많아 피부에 아주 좋습니다. 물론 먹는 것 외에 운동도 많이 해야 합니다.

제5부분

1 결혼 🔊 MP3 5-01-1 ·· p.82

1. 🎙️**녹음대본** 你觉得多大年龄结婚最合适? 당신은 몇 살에 결혼하는 것이 적합하다고 생각합니까?

💬**모범답안** 我觉得三十岁左右结婚最好, 不早也不晚。因为三十岁左右比较年轻, 生孩子养孩子也不累, 如果四十岁以后结婚的话, 对父母和孩子都不好。所以我觉得30岁左右结婚最合适。저는 30세 정도에 결혼하는 것이 가장 좋고 이르지도 늦지도 않다고 생각합니다. 30세 정도면 비교적 젊고 아이를 낳거나 키울 때 힘들지 않습니다. 40세 이후에 결혼하면 부모와 아이에게 모두 좋지 않습니다. 그래서 저는 30세 정도 결혼하는 것이 가장 좋다고 생각합니다.

2. 🎙️**녹음대본** 现在离婚率越来越高, 请说说原因。현재 이혼율이 점점 높아지고 있습니다. 원인을 말해 보세요.

💬**모범답안** 现在经济不景气, 找工作越来越难, 所以结婚越来越晚, 结婚以后生活费、孩子的教育费很贵, 可是工资却不太高, 压力很大, 为了解脱压力, 很多人选择离婚。지금 경제가 안 좋고 일자리를 찾는 것도 점점 어려워 결혼이 점점 늦어지고 있습니다. 결혼 후 생활비와 아이의 교육비가 아주 비싼데 월급은 오히려 많지 않아 스트레스가 심합니다. 스트레스에서 벗어나기 위해 많은 사람은 이혼을 선택합니다.

3. 🎙️**녹음대본** 最近年轻人找对象的时候, 很重视对方的经济条件, 对此请谈谈你的看法。요즘 젊은이들은 결혼 상대를 고를 때 상대방의 경제적인 여건을 아주 중요시합니다. 당신의 견해를 말해 보세요.

💬**모범답안** 最近物价越来越高, 但是支出很大, 比如房租、电费、电话费、生活费和孩子的教育费等等。如果没有钱的话, 压力很大, 所以最近年轻人找对象的时候, 很重视对方的经济条件, 当然不能只看经济条件, 还要看人品和性格。최근 물가는 점점 비싸지고 있는데 지출은 아주 많습니다. 예컨대 집세, 전기세, 전화세, 생활비와 아이의 교육비 등입니다. 돈이 없으면 스트레스가 심해지기 때문에 요즘 젊은이들은 결혼 상대를 고를 때 상대방의 경제적인 여건을 아주 중요시합니다. 물론 경제적인 여건만 봐서는 안 되고 인품과 성격도 봐야 합니다.

2 교육 🔊 MP3 5-02-1 ·· p.83

1. 🎙️**녹음대본** 现在很多父母送孩子去各种各样的补习班, 你同意这种做法吗? 지금 많은 부모님은 아이를 각종 학원에 보냅니다. 당신은 이에 대해 찬성합니까?

💬**모범답안** 现在的孩子学习压力很大, 如果孩子再去各种各样的补习班的话, 压力就更大了。另外, 如果去补习班的话, 就没有时间接触大自然, 也没有时间跟朋友们玩儿, 所以少了很多乐趣。요즘 아이들은 학업 스트레스가 아주 심합니다. 만약 아이가 각종 학원에 또 간다면 스트레스는 더 심해집니다. 그리고 학원에 가면 자연을 접할 시간이 없고 친구들과 놀 시간도 없기 때문에 즐거움은 훨씬 적어질 것입니다.

2. 🎙️**녹음대본** 为了学习外语, 你会去外国留学吗? 为什么? 외국어를 배우기 위해 당신은 외국으로 유학 갈 것입니까? 이유는?

💬**모범답안** 为了学习外语, 我不会去外国留学。因为我的亲戚和朋友都在韩国, 所以我喜欢在韩国生活, 如果我去外国留学的话, 我会觉得很孤独。另外, 去外国留学要花很多钱, 但是我没有那么多钱, 所以我不会去外国留学, 也不赞成去外国留学。외국어를 배우기 위해 저는 외국으로 유학 가지 않을 것입니다. 저희 친척과 친구가 모두 한국에 있기 때문에 저는 한국에서 생활하는 것이 좋습니다. 만약 외국으로 유학 가면 많이 외로울 것입니다. 또한 외국으로 유학가는 것은 돈이 많이 필요한데 저는 그렇게 많은 돈이 없습니다. 그래서 저는 외국으로 유학 가지 않을 것이며 외국으로 유학 가는 것에 찬성하지도 않습니다.

3. 🎙️**녹음대본** 在你们国家中学课程中, 什么地方需要改进? 당신 나라의 중학교 과정에서 어떤 것이 개선돼야 합니까?

💬**모범답안** 现在的孩子学习压力很大, 不仅上课时间长, 学习内容也很多, 所以应该减轻孩子的负担, 不要让孩子总是坐在教室里学习, 要让他们多去外边活动, 这样孩子才会更健康、更活泼、更可爱。요즘 아이들은 학업 스트레스가 심합니다. 수업 시간이 길 뿐만 아니라 배우는 내용도 너무 많습니다. 따라서 아이들의 부담을 덜어줘야 합니다. 아이가 매일 교실에서 공부만 하게 해서는 안 되고 밖으로 나가 활동을 많이 하도록 해야 합니다. 그러면 아이가 더 건강하고 더 활발하고 더 예뻐질 것입니다.

3 환경 🔊 MP3 5-03-1 ·· p.84

1. 🎙️**녹음대본** 为了减少使用一次性用品, 我们应该采取什么措施? 请谈谈你的看法。일회용품 사용을 줄이기 위하여 우리는 어떤 조치를 취해야 합니까? 당신의 견해를 말해 보세요.

💬**모범답안** 在外边吃饭、买东西和旅游的时候, 我喜欢用纸杯、一次性筷子和塑料袋儿。但是用一次性用品会污染环境, 所以我们应该尽量少用。另外, 在超市里不免费提供塑料袋儿, 这对保护环境有一定的帮助。외식할 때, 쇼핑할 때와 여행할 때 저는 종이컵, 일회용 젓가락과 비닐봉지를 사용하는 것을 좋아합니다. 그러나 일회용품은 환경을 오염시키기 때문에 우리는 되도록 적게 사용해야 합니다. 이외에 마트에서 비닐봉지를 무료로 제공하지 않는 것도 환경보호에 다소 도움이 됩니다.

2. ❸녹음대본 在超市里不免费提供塑料袋儿，这对保护环境有帮助吗？请谈谈你的看法。 마트에서는 비닐봉지를 무료로 제공하지 않습니다. 이것이 환경보호에 도움이 됩니까? 당신의 견해를 말해 보세요.

💬모범답안 在超市里不免费提供塑料袋儿的话，用塑料袋儿的人会减少，这对保护环境有一定的帮助。另外在家里和饭店里，我们应该尽量少用一次性用品，比如纸杯、一次性筷子和塑料袋儿等。 마트에서 비닐봉지를 무료로 제공하지 않으면 비닐봉지를 사용하는 사람이 감소할 것입니다. 이는 환경보호에 다소 도움이 됩니다. 이외에 집이나 식당에서 되도록 일회용품을 적게 사용해야 합니다. 예컨대 종이컵, 일회용 젓가락과 비닐봉지 등입니다.

3. ❸녹음대본 请谈谈你对环境污染问题的看法。 환경오염에 대한 당신의 견해를 말해 보세요.

💬모범답안 因为地球温暖化、汽车尾气、工业垃圾和生活垃圾，环境污染越来越严重了，特别是空气和水受到了严重的污染，这给我们的生活带来了很大的麻烦，所以为了保护环境，我们要节约用电、节约用水，尽量少开车、少用一次性用品。 지구온난화, 자동차 배기가스와 공업 및 생활 쓰레기 때문에 환경오염은 점점 더 심해지고 있습니다. 특히 공기와 물은 심하게 오염되어 우리의 생활에 큰 불편함을 가져다주었습니다. 환경을 보호하기 위하여 우리는 전기와 물을 절약해야 하며 되도록 운전을 적게 하고, 일회용품도 적게 사용해야 합니다.

4 인물 🎵MP3 5-04-1 ·· p.85

1. ❸녹음대본 请你评价一下你的上司。 당신의 상사에 대해 평가해 보세요.

💬모범답안 我的上司是个工作狂，每天很晚才下班，所以我们也不敢早下班。另外，他性格很急，经常发火，所以我压力很大，我真的不喜欢这样的上司，但是没办法。 저의 상사는 일벌레입니다. 매일 아주 늦게 퇴근하기 때문에 저는 감히 일찍 퇴근하지 못합니다. 그리고 그는 성격이 아주 급하고 자주 화를 내기때문에 저는 스트레스를 아주 많이 받습니다. 저는 이런 상사가 정말 싫지만 방법이 없습니다.

2. ❸녹음대본 你们公司的老板喜欢什么样的职员？请谈一谈你的看法。 당신 회사의 사장은 어떤 직원을 좋아합니까? 당신의 견해를 말해 보세요.

💬모범답안 我们公司的老板喜欢听话的人，当然还要有工作能力。如果部下职员不听话的话，会带来很多麻烦。如果没有工作能力的话，老板会头疼。另外，我们公司的老板很喜欢喝酒，所以下班以后我们经常陪老板喝酒。 우리 회사의 사장님은 말 잘 듣는 사람을 좋아합니다. 물론 업무 능력도 있어야 합니다. 만약 부하 직원이 말을 잘 안 들으면 많은 번거로움을 초래할 것이며 업무 능력이 없으면 사장님이 힘들 것입니다. 그리고 우리 회사 사장님은 술을 좋아하셔서 퇴근 후 우리는 자주 사장님을 모

시고 술을 마십니다.

3. ❸녹음대본 有人说上司应该对下属严格一些，你赞成这个观点吗？ 어떤 사람들은 상사가 부하에게 엄하게 대해야 한다고 생각합니다. 당신은 이에 찬성합니까?

💬모범답안 我不赞成这个观点。跟严格的上司一起工作的话，压力很大，工作气氛也不会太好。另外，每天晚上都要加班，所以会非常累，我觉得轻松愉快的工作气氛更好。 저는 이러한 관점에 찬성하지 않습니다. 엄격한 상사와 함께 일하면 스트레스가 아주 심하고 일할 때 분위기도 좋지 않을 것입니다. 또한 매일 저녁에 야근을 해야 하기 때문에 너무 힘듭니다. 저는 부담이 없고 즐거운 업무 분위기가 더 좋다고 생각합니다.

5 도시와 농촌 🎵MP3 5-05-1 ·· p.86

1. ❸녹음대본 你认为农村和城市，哪儿更适合孩子的成长？ 당신은 농촌과 도시 중에서 어느 곳이 아이의 성장에 더 좋다고 생각합니까?

💬모범답안 我觉得城市更适合孩子的成长，因为大城市的教育环境比农村好得多，在大城市孩子可以得到良好的教育。另外，在大城市有很多医院、商店、公园儿和动物园，所以大城市的生活环境也比农村好得多。 저는 도시가 아이의 성장에 더 적합하다고 생각합니다. 대도시의 교육 환경이 농촌보다 훨씬 좋아서 대도시에서 아이들은 좋은 교육을 받을 수 있습니다. 그리고 대도시에는 병원, 상점, 공원과 동물원이 많습니다. 그래서 대도시의 생활 환경은 농촌보다 훨씬 좋습니다.

2. ❸녹음대본 最近人们都喜欢在大都市里生活，对此你有什么看法？ 요즘 많은 사람은 대도시에서 생활하는 것을 선호합니다. 이에 대해 당신은 어떻게 생각합니까?

💬모범답안 我觉得在大城市生活好处非常多。第一、在大城市有很多公司，所以工作的机会比较多。第二、有很多医院、学校、银行和商店，所以生活环境和教育环境都非常好。第三、交通四通八达，非常便利。 저는 대도시에서 생활하는 것이 장점이 아주 많다고 생각합니다. 첫째, 대도시에는 회사가 많아 일할 기회가 비교적 많습니다. 둘째, 병원, 학교, 은행과 상점이 많이 있기 때문에 생활 환경과 교육 환경이 좋습니다. 셋째, 교통이 사방으로 통해 아주 편리합니다.

3. ❸녹음대본 请谈谈在大城市生活的好处。 대도시 생활의 좋은 점에 대하여 말해 보세요.

💬모범답안 我觉得在大城市生活好处非常多。第一、在大城市有很多公司，所以工作的机会比较多。第二、有很多医院、学校、银行和商店，所以生活环境和教育环境非常好。第三、交通四通八达，非常便利。 저는 대도시에서 생활하는 것이 좋은 점이 아주 많다고 생각합니다. 첫째, 대도시에는 회사가 아주 많기 때문에 일할 기회가 비교적 많습니다. 둘째, 병원, 학교, 은행과 상점이 많이 있기 때문에 생활환경과 교육환경이 좋습니다. 셋째, 교통이 사방으로 통해 아주 편리합니다.

1. 🎧녹음대본 你觉得家里要有电视吗？理由是什么？당신은 집에 TV가 있어야 한다고 생각합니까? 이유는?

   💬모범답안 我觉得家里要有电视，通过看电视，我们可以了解很多信息，比如新闻、天气预报和各种有用的信息，无聊的时候还可以看电影和电视剧，我最喜欢的电视节目是棒球比赛，一边看比赛一边喝啤酒，不仅可以缓解压力，还可以放松一下。 저는 집에 TV가 있어야 한다고 생각합니다. TV를 통해 우리는 많은 정보를 얻을 수 있습니다. 예컨대 뉴스, 일기예보와 각종 유용한 정보 등입니다. 무료할 때 영화와 드라마도 볼 수 있습니다. 제가 가장 좋아하는 TV 프로그램은 야구경기입니다. 경기를 보면서 맥주를 마시면 스트레스를 해소할 수 있고 긴장도 풀 수 있습니다.

2. 🎧녹음대본 你喜欢在国内工作还是在海外工作？为什么？당신은 국내에서 근무하는 것을 좋아합니까? 아니면 해외에서 근무하는 것을 좋아합니까? 이유는?

   💬모범답안 我更喜欢在国内工作，因为我的亲戚和朋友都在韩国，所以我喜欢在国内工作，如果我去外国工作的话，我会觉得很孤独。另外，我爱人不喜欢去外国生活，所以我更喜欢在国内工作。 저는 국내에서 근무하는 것을 더 좋아합니다. 저의 친척과 친구들이 모두 한국에 있기 때문에 국내에서 근무하는 것을 더 좋아합니다. 외국에서 근무하면 외로울 것입니다. 그리고 저의 배우자도 외국에서 생활하는 것을 좋아하지 않습니다. 그래서 저는 국내에서 근무하는 것을 더 좋아합니다.

3. 🎧녹음대본 在你的朋友当中，有做整容手术的吗？당신의 친구 중에서 성형수술을 한 사람이 있습니까?

   💬모범답안 在我的朋友当中，有做整容手术的。因为现在大家比较重视外貌，比如找对象和找工作的时候，很多人都看外貌，所以很多人去做整容手术，但是我不赞成做整容手术，我觉得做整容手术不自然，而且还要花很多钱。 제 친구 중에는 성형수술을 한 사람이 있습니다. 현재 사람들은 모두 외모를 중요시합니다. 예컨대 결혼대상과 일자리를 찾을 때도 모두 외모를 보기 때문에 많은 사람이 성형수술을 합니다. 그러나 저는 성형수술 하는 것에 찬성하지 않습니다. 성형수술을 하면 부자연스럽고 게다가 돈을 많이 들여야 합니다.

4. 🎧녹음대본 你觉得严肃的工作气氛好，还是轻松的工作气氛好？为什么？당신은 엄숙한 업무 분위기가 좋다고 생각합니까, 아니면 편안하고 자유로운 업무 분위기가 좋다고 생각합니까? 이유는?

   💬모범답안 我觉得轻松的工作气氛更好。因为压力小，工作气氛好，所以不会觉得累，而且工作效率也非常高，所以我不喜欢严肃的工作气氛，我更喜欢轻松愉快的工作气氛。 저는 편안하고 자유로운 업무 분위기가 더 좋다고 생각합니다. 스트레스가 심하지 않고 업무 분위기가 좋기 때문에 힘들게 느껴지지 않고 업무 능력도 아주 높습니다. 그래서 저는 엄숙한 업무 분위기를 좋아하지 않고 편안하고 즐거운 업무 분위기를 더 선호합니다.

1. 🎧녹음대본 如果能回到学生时代，你会去外国留学吗？为什么？학창시절로 돌아갈 수 있다면 당신은 외국으로 유학 갈 것입니까? 이유는?

   💬모범답안 如果能回到学生时代，我不会去外国留学。因为我的亲戚和朋友都在韩国，所以我喜欢在韩国生活，如果我去外国留学的话，我会觉得很孤独。另外，去外国留学要花很多钱，所以我不会去外国留学，也不赞成去外国留学。 학창시절로 돌아갈 수 있다고 해도, 저는 외국으로 유학 가지 않을 것입니다. 저희 친척과 친구가 모두 한국에 있기 때문에 저는 한국에서 생활하는 것이 좋습니다. 만약 제가 외국으로 유학 가면 외로울 것입니다. 외국으로 유학가는 것은 돈이 많이 필요한데 저는 그렇게 많은 돈이 없습니다. 그래서 저는 외국으로 유학 가지 않을 것이며 외국으로 유학 가는 것에도 찬성하지 않습니다.

2. 🎧녹음대본 作为公司的一员，一定要参加公司的聚餐吗？회사의 일원으로서 반드시 회사의 회식에 참석해야 합니까?

   💬모범답안 是的，我觉得应该参加公司的聚餐。聚餐的时候，一边喝酒一边聊天儿，气氛非常好，所以可以了解很多情况，还可以促进跟上司和同事们的关系。 그렇습니다. 저는 당연히 회사의 회식에 참석해야 한다고 생각합니다. 회식할 때 술을 마시면서 이야기하면 분위기가 아주 좋습니다. 그래서 많은 것을 알 수 있고 또 상사와 동료들과의 관계도 돈독히 할 수 있습니다.

3. 🎧녹음대본 在网上购物的时候，人们会冲动购物，你对这种现象有什么看法？인터넷 쇼핑을 할 때 충동 구매를 할 수 있습니다. 당신은 이러한 현상에 대해 어떻게 생각합니까?

   💬모범답안 在网上购物的时候，人们会冲动购物。因为网上购物又便宜又好，而且还送货到家，所以不用去商店，非常方便。另外，在网上购物的时候一般都刷卡，所以很容易透支。 인터넷에서 물건을 살 때 사람들은 충동 구매를 할 수 있습니다. 그 이유는 인터넷 쇼핑은 싸고 좋을 뿐만 아니라 집까지 배달해 주기 때문에 상점에 갈 필요가 없어 아주 편리하기 때문입니다. 또한, 인터넷에서 물건을 살 때 보통 카드로 결제하기 때문에 초과 지출하기 쉽습니다.

4. 🎧녹음대본 我们应该怎样预防酒后驾车？请谈谈你的看法。음주운전을 어떻게 예방할 수 있습니까? 당신의 의견을 말해 보세요.

   💬모범답안 现在汽车越来越普及了，所以无论去哪儿大

家都喜欢开车，有的人去喝酒的时候也喜欢开车，这是非常危险的，所以警察要时常检查酒驾，一旦发现酒驾要严厉惩罚，这样酒驾的人会越来越少。지금 자동차는 점점 보편화되고 있으며, 어디를 가든 사람들은 모두 운전하는 것을 좋아합니다. 어떤 사람들은 술을 마시러 갈 때도 운전하는 것을 좋아하는데, 이는 아주 위험하기 때문에 경찰은 음주단속을 자주 해야 합니다. 일단 음주운전이 발각되면 엄벌해야 합니다. 그러면 음주운전을 하는 사람이 점점 적어질 것입니다.

유형마스터 3회 (MP3) 5-13-1 ·················· p.89

1. 🔊녹음대본 现在青少年非常注重外貌，你认为他们受谁的影响最大? 현재 청소년은 외모를 아주 중요시합니다. 당신은 그들이 누구의 영향을 가장 많이 받았다고 생각합니까?

 모범답안 现在青少年非常注重外貌，这是受明星的影响。因为青少年很崇拜明星，他们喜欢模仿明星的一举一动，一般来说明星很注重外貌，有很多明星还去做整容手术，所以青少年也模仿明星，他们也去做整容手术。但是我觉得青少年不应该注重外貌，他们应该更注重学习。현재 청소년들은 외모를 아주 중요시합니다. 이것은 연예인의 영향을 받은 것입니다. 청소년들은 연예인을 매우 숭배하기 때문에 연예인의 일거수일투족을 모방하기 좋아합니다. 연예인은 일반적으로 외모를 아주 중요시합니다. 많은 연예인은 성형수술을 하기도 합니다. 그래서 청소년들도 그들을 모방하여 성형수술을 합니다. 하지만 저는 청소년들은 외모를 중요시할 것이 아니라 공부를 더 중요시해야 한다고 생각합니다.

2. 🔊녹음대본 你买过旧电脑、旧汽车等二手货吗? 为什么? 당신은 중고 컴퓨터, 중고차 등 중고품을 산 적이 있습니까? 이유는?

💬모범답안 我没买过旧电脑、旧汽车等二手货。二手货虽然很便宜，但是很容易坏，而且功能也不太多，所以我不喜欢买二手货。我觉得还是买新的比较好，虽然贵，但是质量好、式样新，可以用很长时间。저는 중고 컴퓨터, 중고차 등 중고품을 산 적이 없습니다. 중고품은 싸지만 쉽게 망가지고 기능도 많지 않기 때문에 중고품 사는 것을 좋아하지 않습니다. 저는 새 것을 사는 것이 낫다고 생각합니다. 비록 비싸지만 품질이 좋고 디자인이 새롭고 오랫동안 사용할 수 있습니다.

3. 🔊녹음대본 现在很多人非常重视公司的福利待遇，对此你有什么看法? 지금 많은 사람은 회사의 복지혜택을 아주 중요시합니다. 이에 대해 당신은 어떻게 생각합니까?

💬모범답안 福利待遇好的公司，有免费的班车和午餐，还有奖金和退休费，另外还可以去外国工作。所以很多人非常重视公司的福利待遇，我也非常重视。복지혜택이 좋은 회사는 무료 셔틀버스와 무료 점심을 제공하고 보너스와 퇴직금도 있습니다. 그리고 외국에 가서 근무할

수도 있습니다. 그래서 많은 사람은 회사의 복지를 아주 중요시하며 저 역시 아주 중요시합니다.

4. 🔊녹음대본 最近私家车越来越多，这种现象对我们的社会会产生什么影响? 谈谈你对这一现象的看法。요즘 자가용이 점점 많아지고 있는데, 이런 현상은 우리의 사회에 어떤 영향을 미칩니까?

💬모범답안 最近私家车越来越多，开车上班的人也越来越多，所以路上堵车堵得特别厉害。另外，汽车的尾气会污染环境，所以上下班的时候，我们应该坐地铁或者公共汽车。这样又省钱又方便，还可以保护环境。요즘 자가용은 점점 많아지고, 운전해서 출근하는 사람도 점점 많아져, 차가 아주 많이 막힙니다. 그리고 자동차 배기가스는 환경을 오염시키기 때문에 출퇴근할 때 지하철이나 버스를 타야 합니다. 이렇게 하면 돈을 절약할 수 있고 편리하기도 합니다. 또 환경을 보호할 수도 있습니다.

유형마스터 4회 (MP3) 5-14-1 ·················· p.90

1. 🔊녹음대본 现在很多年轻人花很多钱买新款手机，对此你有什么看法? 지금 많은 젊은이들은 돈을 많이 들여 신형 핸드폰을 삽니다. 이에 대해 당신은 어떻게 생각합니까?

💬모범답안 新款手机非常贵，如果不买手机的话，可以买其他东西。而且原来的手机不是不能用，只是不时髦而已。所以我不赞成花很多钱买新款手机，我觉得这是浪费。신형 핸드폰은 아주 비쌉니다. 만약 핸드폰을 사지 않으면 다른 물건을 살 수 있습니다. 그리고 원래의 핸드폰은 사용할 수 없는 것이 아니라 다만 유행이 지났을 뿐입니다. 그래서 저는 돈을 많이 들여 신형 핸드폰을 사는 것에 대해 찬성하지 않습니다. 이것은 낭비라고 생각합니다.

2. 🔊녹음대본 有的人喜欢在人多的地方大声喧哗，对此你有什么看法? 어떤 사람들은 사람이 많은 곳에서 큰 소리로 떠드는데, 이에 대해 당신은 어떻게 생각합니까?

💬모범답안 在人多的地方，比如，在车站、商店、公交车和地铁里，最好不要大声喧哗，也不要大声通电话，这样会影响别人，我觉得这是最起码的社会公德，我们一定要遵守。사람이 많은 곳, 예를 들어 정류장, 상점, 버스와 지하철 안 등에서는 큰 소리로 떠들지 않고 큰 소리로 통화도 하지 않는 것이 좋습니다. 이것은 다른 사람에게 폐를 끼칠 것입니다. 저는 이것은 기본적인 사회도덕이며 반드시 지켜야 한다고 생각합니다.

3. 🔊녹음대본 你认为招聘新职员的时候，一定要经过面试吗? 당신은 신입사원을 모집할 때 반드시 면접시험을 거쳐야 한다고 생각합니까?

💬모범답안 我认为招聘新职员的时候，一定要面试。因为通过面试可以了解一个人的很多方面，比如，性格、外貌和工作能力等等。如果不面试的话，我们没办法了解这些方面。저는 신입사원을 모집할 때 반드시 면접을 봐야 한다고 생각합니다. 면접을 통해 우리는 그 사

람의 다양한 면을 알 수 있기 때문입니다. 예컨대 성격, 외모와 업무 능력 등입니다. 면접을 보지 않으면 이러한 면을 알 수 있는 방법이 없습니다.

4. 🎧녹음대본 有人认为多建动物园，对保护野生动物有很大的帮助，对此你有什么看法？ 어떤 사람들은 동물원을 많이 건축하는 것이 야생동물을 보호하는데 많은 도움이 된다고 생각합니다. 이에 대해 당신은 어떻게 생각합니까?

💬모범답안 我认为这种想法是错误的。野生动物应该在野外生活，那里才是他们真正的家，如果让它们生活在动物园里，它们就失去了野性。我觉得这不是保护野生动物，是在伤害野生动物。 저는 이런 생각이 잘못되었다고 생각합니다. 야생동물은 야외에서 생활해야 합니다. 그곳이야말로 그들의 진정한 집입니다. 그들을 동물원에서 살게 한다면 그들은 야성을 잃게 될 것입니다. 저는 이러한 것이 야생동물을 보호하는 것이 아니라 해치는 것이라고 생각합니다.

유형마스터 5회 🎧MP3 5-15-1 ·········· p.91

1. 🎧녹음대본 现代社会快餐的消费越来越大，你觉得主要原因是什么？ 현대사회에서 패스트푸드의 소비가 점점 늘어나고 있는데, 그 원인은 무엇이라고 생각합니까?

💬모범답안 现代社会快餐的消费越来越大，比如麦当劳、肯德基、方便面等。主要原因是：第一、快餐又便宜又好吃，所以大家都很喜欢吃。第二、快餐最大的特点是快，所以无论是在家里吃还是在外面吃，可以节省时间。 현대사회에서 패스트푸드의 소비는 점점 늘어나고 있습니다. 예컨대 맥도날드, KFC, 라면 등입니다. 주원인은 첫째, 패스트푸드는 싸고 맛있기 때문에 사람들이 모두 좋아합니다. 둘째, 패스트푸드의 가장 큰 특징은 빠르다는 것입니다. 그래서 집에서든 밖에서든 모두 시간을 절약할 수 있습니다.

2. 🎧녹음대본 销售产品的时候，有人认为企业需要做广告，你同意这种观点吗？ 제품을 판매할 때 어떤 사람들은 기업이 광고해야 한다고 주장하는데 당신은 이러한 관점에 동의합니까?

💬모범답안 现在同样的商品种类非常多，如果不做广告的话，一般的人很难知道，所以我觉得企业应该做广告，通过广告消费者也可以了解很多信息。但是做广告的时候，一定要实事求是，不能太夸张。 현재는 같은 상품의 종류가 아주 많아서 광고를 하지 않으면 일반 사람들은 알기 어렵습니다. 그래서 저는 기업이 광고를 해야 한다고 생각합니다. 광고를 통해 소비자는 많은 정보를 얻을 수 있습니다. 그러나 광고를 할 때 반드시 사실에 근거해야 하며 너무 과장해서는 안 됩니다.

3. 🎧녹음대본 你觉得最近人们肥胖的原因是什么？ 요즘 사람들이 비만이 되어가는 원인이 무엇이라고 생각합니까?

💬모범답안 最近肥胖的人越来越多，这是因为现在很多人喜欢吃肉和快餐，而不喜欢吃蔬菜和水果。其次是因为不运动，特别是上班族和学生，整天坐在椅子上工作或者学习，回家以后又开始玩儿手机，吃的东西消化不了，所以最近肥胖的人越来越多。 요즘 비만한 사람이 점점 많아지고 있습니다. 이는 지금 많은 사람이 고기와 패스트푸드를 좋아하고 채소와 과일을 좋아하지 않기 때문입니다. 두 번째 이유는 운동을 하지 않기 때문입니다. 특히 회사원과 학생들은 온종일 의자에 앉아서 일하거나 공부하고, 집에 돌아가면 핸드폰을 가지고 놀기 때문에 먹은 음식을 소화할 수 없습니다. 그래서 요즘 비만한 사람은 점점 많아지고 있습니다.

4. 🎧녹음대본 父母定期给孩子零用钱，有什么好处？ 부모가 정기적으로 아이에게 용돈을 주는 것의 장점은 무엇입니까?

💬모범답안 孩子不挣钱，也不知道应该怎么花钱，所以父母应该教孩子，不要随便给孩子零用钱，要定期给，这样孩子才会有计划地花钱，养成好的花钱习惯。 아이는 돈을 벌지 않고 어떻게 돈을 써야 하는 지도 모르기 때문에 부모님은 반드시 아이를 가르쳐야 합니다. 아이에게 마구 용돈을 주지 말고 정기적으로 줘야 합니다. 그래야 아이가 비로소 계획적으로 돈을 쓸 줄 알게 되고 돈을 쓰는 좋은 습관도 기를 수 있을 것입니다.

실전테스트 1회 🎧MP3 5-21-1 ·········· p.92

1. 🎧녹음대본 你喜欢看书吗？ 당신은 책 보는 것을 좋아합니까?

💬모범답안 有空的时候我喜欢看书，每天上班的时候，在地铁里一边看书一边听音乐，我觉得非常好。周末我常常去图书馆看书，图书馆里有很多书，而且很安静。 시간이 있을 때 저는 책 보는 것을 좋아합니다. 매일 출근할 때 지하철 안에서 책을 보면서 음악을 들으면 아주 좋습니다. 주말에는 자주 도서관에 가서 책을 봅니다. 도서관에는 책이 아주 많고 또 아주 조용합니다.

2. 🎧녹음대본 早上准备上班的时候，你一般需要多长时间？ 아침에 출근 준비할 때 당신은 보통 얼마의 시간이 필요합니까?

💬모범답안 早上准备上班的时候，一般要一个小时。洗脸、刷牙、洗澡大概要二十分钟，做饭大概要二十分钟，吃饭、洗碗大概要二十分钟。不过最近我工作特别忙，一般不吃早饭，所以只要三十分钟。 아침에 출근 준비할 때 보통 한 시간이 필요합니다. 세수하고, 이 닦고, 샤워하는 데 약 20분이 필요하고, 밥하는 데 약 20분이 필요하고, 밥 먹고 설거지하는 데 약 20분이 필요합니다. 그러나 요즘 제가 일이 너무 바빠서 보통 아침을 먹지 않기 때문에 30분 밖에 걸리지 않습니다.

3. 🔊녹음대본 别人拜托你的时候，你会拒绝还是接受? 다른 사람이 당신에게 부탁할 때 거절하는 편입니까, 받아들이는 편입니까?

💬모범답안 别人拜托我的时候，我一般都会接受。我喜欢帮助人，也喜欢交朋友，所以我的同事和朋友们都喜欢找我帮忙，当然我找别人帮忙的时候，别人也会帮助我。다른 사람이 저에게 부탁할 때 저는 보통 받아들입니다. 저는 남을 도와주는 것을 좋아하고 친구 사귀는 것도 좋아합니다. 그래서 저의 동료와 친구들은 모두 저에게 도움을 청하는 것을 좋아합니다. 물론 제가 다른 사람에게 도움을 청할 때도 그들은 저를 도와줍니다.

4. 🔊녹음대본 你一般什么时候拍照? 당신은 보통 언제 사진을 찍습니까?

💬모범답안 去旅游的时候，我很喜欢拍照，我喜欢拍风景照，也喜欢拍人物照。我的手机里有很多照片，无聊的时候，我常常看手机里的照片，一边看照片一边回想那时的情景。여행 갈 때 저는 사진찍는 것을 좋아합니다. 저는 풍경 사진을 찍는 것도 좋아하고 인물사진 찍는 것도 좋아합니다. 제 핸드폰에는 사진이 많이 있습니다. 심심할 때 저는 핸드폰에 있는 사진을 자주 봅니다. 사진을 보면서 그때의 장면을 회상합니다.

5. 🔊녹음대본 你每天学习汉语吗? 당신은 매일 중국어 공부를 합니까?

💬모범답안 是的，我每天都学习汉语，虽然汉语有点儿难，但是我觉得很有意思，我很喜欢我们的汉语老师，她是中国人，很漂亮，也很热情。我要努力学习汉语，有机会的话，我想去中国工作。그렇습니다. 저는 매일 중국어 공부를 합니다. 중국어는 조금 어렵지만 아주 재미있는 것 같습니다. 저는 저희 중국어 선생님을 아주 좋아합니다. 그녀는 중국인인데 예쁘고 아주 친절합니다. 저는 중국어를 열심히 배워서 기회가 있으면 중국에 가서 일하고 싶습니다.

6. 🔊녹음대본 选择大学的时候，最重要的是什么? 대학을 선택할 때 가장 중요한 것은 무엇입니까?

💬모범답안 选择大学的时候，最重要的是选择自己喜欢的专业，这样才会更专心学习和研究，更容易出成果。此外，大学的牌子也很重要，因为现在很多公司招聘新职员的时候，很重视大学的牌子。대학을 선택할 때 가장 중요한 것은 자신이 좋아하는 전공을 선택하는 것입니다. 그러면 공부와 연구에 전념할 수 있고, 성과도 더욱 쉽게 낼 수 있습니다. 그밖에 명문대에 들어가는 것도 중요합니다. 왜냐하면 현재 많은 회사는 신입사원을 뽑을 때 명문대 여부를 아주 중요시하기 때문입니다.

7. 🔊녹음대본 医学的进步给我们现代人带来了什么? 의학의 발전은 우리 현대인에게 어떤 것을 가져다 주었습니까?

💬모범답안 医学的进步给我们现代人带来了很多好处。第一、人的寿命越来越长了，大多数人能活到90多

岁。第二、以前不能治的病，现在都能治了。比如，心脏病、糖尿病等。第三、现在我们还可以上网看病，非常方便。의학의 발전은 우리 현대인에게 많은 좋은 점을 가져다주었습니다. 첫째, 사람의 수명이 점점 길어져 대다수 사람은 90세 이상 살 수 있습니다. 둘째, 이전에 치료할 수 없는 병을 지금은 모두 치료할 수 있게 됐습니다. 예컨대 심장병, 당뇨병 등입니다. 셋째, 지금 우리는 인터넷에 접속하여 진찰을 받을 수 있어 아주 편리합니다.

8. 🔊녹음대본 企业在招聘职员的时候，不招聘正式职员，而通过合同的方式雇佣职员，理由是什么? 기업이 직원을 모집할 때 정규직을 모집하지 않고 계약의 방식을 통해 직원을 고용합니다. 그 이유는 무엇입니까?

💬모범답안 因为正式职员工资高，福利待遇也好，公司压力大，所以企业通过合同的方式雇佣职员，这样可以减少开支，提高效益。정규직은 월급이 많고 복지혜택도 좋아 회사의 부담이 크기 때문에 기업은 계약의 방식을 통해 직원을 고용합니다. 그러면 지출을 줄이고 능률과 이익을 높일 수 있습니다.

9. 🔊녹음대본 现在把每个月的工资都花光的人叫"月光族"，对此你有什么看法? 지금 매달 월급을 다 써버리는 사람을 '월광족'이라고 합니다. 이에 대해 당신은 어떻게 생각합니까?

💬모범답안 现在世界经济不景气，物价越来越高，每个月的水费、电费、手机费和孩子的教育费非常高，特别是房价高得吓人，但是上班族的工资却不太高，所以"月光族"越来越多，这是一个很严重的社会问题，我们应该想办法解决。지금 전세계적으로 경제가 불경기이고, 물가가 점점 비싸지고 있습니다. 매달 수도세, 정기세, 핸드폰 요금과 아이의 교육비가 아주 비쌉니다. 특히 집값은 너무 높아서 놀라울 정도입니다. 그런데 샐러리맨의 월급은 그다지 높지 않습니다. 그래서 '월광족'이 점점 많아지고 있습니다. 이것은 아주 심각한 사회문제이므로 우리는 마땅히 방법을 생각해 해결해야 합니다.

실전테스트 2회 🎵 5-22-1 ·· p.96

1. 🔊녹음대본 你每天看新闻吗? 당신은 매일 뉴스를 봅니까?
💬모범답안 是的，我每天看新闻。每天坐地铁的时候，我看报纸，在公司里我用电脑看新闻。晚上下班以后，我坐在沙发上看电视新闻。看新闻不仅可以了解国内外大事，而且还能得到很多信息。네, 저는 매일 뉴스를 봅니다. 매일 지하철을 탈 때 신문을 보고, 회사에서 컴퓨터로 뉴스를 봅니다. 저녁에 퇴근하면 소파에 앉아 텔레비전으로 뉴스를 봅니다. 뉴스를 보면 국내외 대사를 알 수 있을 뿐만 아니라 많은 정보도 얻을 수 있습니다.

2. 🔊녹음대본 用电脑可以做什么? 컴퓨터로 무엇을 할 수 있습니까?

💬모범답안 用电脑可以写报告、上网查资料、收发电子邮件、看新闻、看电视、看电影、听音乐、玩儿游戏、聊天儿，还可以预订酒店和机票，所以我觉得电脑的用处非常多。컴퓨터로 보고서를 쓸 수 있고, 인터넷에 접속하여 자료를 검색할 수 있고, 이메일을 주고받을 수 있고, 뉴스, TV, 영화를 볼 수 있고, 음악을 들을 수 있고, 게임과 채팅도 할 수 있고, 또 호텔과 항공권을 예약할 수도 있습니다. 그래서 저는 컴퓨터의 용도는 아주 많다고 생각합니다.

3. 🎧녹음대본 你给别人送过现金吗? 당신은 다른 사람에게 현금을 선물한 적이 있습니까?

💬모범답안 是的，我给别人送过现金。在韩国结婚的时候一般都送现金，送现金的话，他可以买他喜欢的东西。除了结婚以外，我们一般不送现金，而送礼物，比如，钱包、领带和蛋糕等。그렇습니다. 저는 다른 사람에게 현금을 선물한 적이 있습니다. 한국에서는 결혼할 때 보통 현금을 선물합니다. 현금을 선물하면 그는 자신이 좋아하는 물건을 살 수 있습니다. 결혼을 제외하고 우리는 보통 현금을 주지 않고 선물을 줍니다. 예를 들면 지갑, 넥타이와 케이크 등입니다.

4. 🎧녹음대본 你觉得什么样的上司是理想的上司? 당신은 어떤 상사가 이상적인 상사라고 생각합니까?

💬모범답안 我希望我的上司性格好，还要有能力，遇到困难的时候经常帮助我、鼓励我，而不是发火，我觉得这样的上司是最理想的。但是，在工作中很难遇到这样的上司。저는 제 상사가 성격이 좋고 능력도 있었으면 좋겠습니다. 어려움에 부닥쳤을 때 저를 도와주고 격려해주고 화를 내지 않는 상사가 가장 이상적인 상사라고 생각합니다. 그러나 일할 때 이런 상사를 만나는 것은 몹시 어렵습니다.

5. 🎧녹음대본 听到你被公司录取以后，你的心情怎么样? 당신이 회사에 채용됐다는 소식을 들었을 때 당신의 기분은 어땠습니까?

💬모범답안 听到我被公司录取时，我很激动，我马上打电话告诉我爸妈，说我被录取了，他们非常高兴，我们一起去外边吃了顿美餐，他们还给我买了一套很贵的西服，那天我开心极了。제가 회사에 채용됐다는 소식을 들었을 때 저는 아주 흥분했습니다. 아빠, 엄마에게 바로 전화하여 제가 채용됐다는 소식을 알려드렸더니 부모님은 아주 기뻐하셨습니다. 우리는 함께 밖에 나가서 맛있는 음식을 먹었고 부모님은 저에게 아주 비싼 정장을 한 벌 사주셨습니다. 그때 저는 아주 기뻤습니다.

6. 🎧녹음대본 在大企业和中小企业中，你希望在哪儿工作? 대기업과 중소기업 중 어떤 곳에서 일하기를 바랍니까?

💬모범답안 我希望在大企业工作，因为大企业工作环境好、工资高，福利待遇也不错。但是中小企业工作环境差、工资低，福利待遇也不太好。저는 대기업에서 일

하기를 바랍니다. 대기업은 업무 환경이 좋고 월급이 많고 복지혜택도 좋습니다. 그러나 중소기업은 업무 환경이 안 좋고 월급이 적으며 복지도 그다지 좋지 않습니다.

7. 🎧녹음대본 你觉得因特网上传播的信息可信吗? 당신은 인터넷에 전파된 정보가 믿을 만하다고 생각합니까?

💬모범답안 我觉得大部分是可信的，网上有很多好的信息，比如新闻、天气预报、经济信息和各种资料，我们可以随时随地上网了解各种信息，非常方便。当然有时候网上的信息是不可信的，特别是个人发布的信息，可信度不太高。我觉得大部分是可信的。인터넷에는 좋은 정보가 아주 많습니다. 예컨대 뉴스, 일기예보, 경제 정보와 각종 자료입니다. 우리는 언제 어디서나 인터넷으로 각종 정보를 얻을 수 있어 아주 편리합니다. 물론 때로는 인터넷의 정보를 믿을 수 없습니다. 특히 개인이 전파한 정보는 신뢰도가 떨어집니다.

8. 🎧녹음대본 随着生活节奏的加快，你认为未来的生活会更好吗? 생활 리듬이 빨라짐에 따라서 우리의 미래 생활은 더 좋아질 것이라고 생각합니까?

💬모범답안 我认为未来的生活会越来越好。随着科学技术的发展，未来的生活会更方便、更舒适。以前没有电脑、没有网络，也没有智能手机，但是现在电脑、网络和智能手机越来越普遍，我们的生活更方便、更舒适了，我相信未来的生活一定会越来越好。저는 미래의 생활은 점점 더 좋아질 것이라고 생각합니다. 과학 기술의 발전에 따라서 미래의 생활은 더 편리하고 더 편안할 것입니다. 예전에 컴퓨터가 없고 인터넷이 없고 스마트폰도 없었는데 지금은 컴퓨터, 인터넷, 스마트폰이 점점 보편화되고, 우리 생활은 더 편리하고 더 편안해졌습니다. 저는 미래의 생활은 반드시 점점 더 좋아질 것이라고 믿습니다.

9. 🎧녹음대본 你怎么看待上班族辞职以后去外国留学这一现象? 당신은 직장인이 사직하고 외국으로 유학 가는 현상에 대해 어떻게 생각합니까?

💬모범답안 我不赞成上班族辞职以后去外国留学。因为现在经济不景气，找工作越来越难，但是物价却非常高，所以结婚越来越晚。如果去外国留学的话，不仅孤独，而且找对象也非常难。저는 직장인이 사직하고 외국으로 유학 가는 것에 대해 찬성하지 않습니다. 지금은 경제가 불경기이고 일자리 찾기가 점점 힘듭니다. 그런데 물가는 오히려 아주 높아 결혼이 점점 늦어지고 있습니다. 외국으로 유학 가면 외로울 뿐만 아니라 결혼 상대를 찾는 것도 아주 힘듭니다.

실전테스트3회 🎧MP3 5-23-1 ························· p.100

1. 🎧녹음대본 你经常做菜吗? 당신은 자주 요리합니까?

💬모범답안 我不经常做菜，因为我和我爱人都上班，晚上经常加班，所以一般不在家吃饭，周末休息的时候

有时去外边吃，有时在家吃，我觉得做菜很麻烦。저는 자주 요리하지 않습니다. 저와 제 배우자는 모두 출근을 하고 저녁에 자주 야근하기 때문에 보통 집에서 밥을 먹지 않습니다. 주말에 쉴 때는 때로는 밖에 나가서 먹고 때로는 집에서 먹습니다. 저는 요리하는 것이 아주 번거롭다고 생각합니다.

2. 🔊녹음대본 你能跟陌生人很快亲近起来吗？당신은 모르는 사람과 빠르게 친해질 수 있습니까?

💬모범답안 我性格比较外向，喜欢喝酒，也喜欢交朋友，所以跟陌生人也能很快亲近起来，特别是喝酒的时候，很容易成为朋友，所以我经常跟朋友、客户和朋友的朋友一起喝酒，一边喝酒，一边聊天儿，不仅气氛好，心情也非常愉快。 저는 성격이 비교적 외향적이고 술을 좋아하고 친구 사귀는 것도 좋아하기 때문에 모르는 사람과 빠르게 친해질 수 있습니다. 특히 술을 마실 때 쉽게 친구가 될 수 있습니다. 그래서 저는 자주 친구, 고객, 친구의 친구와 함께 술을 마십니다. 술을 마시면서 이야기를 하면 분위기도 좋고 기분도 아주 좋습니다.

3. 🔊녹음대본 上下班的时候，你一般要多长时间？출퇴근할 때 당신은 보통 시간이 얼마나 걸립니까?

💬모범답안 我家离公司比较远，而且我家附近没有地铁站，所以我一般开车上班，上班的时候，如果不堵车的话，大概要一个小时，如果堵车的话，大概要一个半小时，晚上回家的时候也一样。 저희 집은 회사에서 비교적 멉니다. 더욱이 집 근처에 지하철역이 없기 때문에 저는 보통 운전해서 출근합니다. 출근할 때 차가 막히지 않으면 약 한 시간이 걸리고, 차가 막히면 약 한 시간 반이 걸립니다. 저녁에 집에 돌아올 때도 마찬가지입니다.

4. 🔊녹음대본 你希望你们公司附近有什么商店？당신의 회사 근처에 어떤 상점이 있었으면 좋겠습니까?

💬모범답안 我希望我们公司附近有一个大型超市。因为我每天工作很忙，没有时间去超市。如果我们公司附近有大型超市的话，下班以后我可以去那里买东西，这样可以节省时间，而且非常方便。 우리 회사 근처에 대형 마트가 있었으면 좋겠습니다. 저는 매일 일이 많이 바쁘기 때문에 마트에 갈 시간이 없습니다. 회사 근처에 대형 마트가 있으면, 퇴근 후 그곳에 가서 쇼핑할 수 있습니다. 그러면 시간을 절약할 수 있어 아주 편리합니다.

5. 🔊녹음대본 你减过肥吗？请谈谈你对减肥的看法。당신은 다이어트를 한 적이 있습니까? 다이어트에 대한 당신의 생각을 말해 보세요.

💬모범답안 我减过肥，为了减肥我吃过减肥药，但是没有效果。最近我每天去健身房运动，我觉得效果非常好，两个月减了五公斤，我的目标是减十公斤。要想减肥，除了运动以外，还要少吃。 저는 다이어트를 한 적이 있습니다. 다이어트를 하기 위하여 다이어트약을 먹어본 적도 있는데 효과가 없었습니다. 요즘 매일 헬스클럽에 가서 운동하는데 효과가 아주 좋은 것 같습니다. 두 달동안 5kg을 감량했습니다. 저의 목표는 10kg을 감량하는 것입니다. 살을 빼려면 운동을 하는 것 외에 적게 먹어야 합니다.

6. 🔊녹음대본 请谈谈英语的重要性。영어의 중요성에 대해 말해 보세요.

💬모범답안 无论是工作、学习，还是生活，都离不开英语。特别是找工作和升职的时候，如果英语成绩好的话，会非常有利。所以现在大家都非常努力学习英语。另外，英语是世界共同语，所以我们一定要会看和会说英语。 일이든 공부든 생활이든 모두 영어와 떼려야 뗄 수 없습니다. 특히 일자리를 찾거나 승진할 때, 영어 성적이 좋으면 아주 유리할 것입니다. 그래서 사람들은 지금 모두 영어공부를 아주 열심히 합니다. 또한, 영어는 세계 공용어이기 때문에 반드시 볼 줄 알고 말할 줄 알아야 합니다.

7. 🔊녹음대본 选择结婚对象时，最重要的条件是什么？결혼상대를 고를 때 가장 중요한 조건은 무엇입니까?

💬모범답안 选择结婚对象时，最重要的条件是性格，如果性格不好的话，会经常发火，跟这样的人一起生活的话很累。当然还要看对方的能力，如果有能力的话，工作会更顺利，这样在公司、在家里都会非常开心。 결혼상대를 고를 때 가장 중요한 조건은 성격입니다. 성격이 안 좋으면 자주 화를 냅니다. 이런 사람과 함께 생활하면 너무 피곤합니다. 물론 상대방의 능력도 봐야 합니다. 능력이 있으면 일이 더 순조로울 수 있어 회사에서나 집에서 모두 즐거울 것입니다.

8. 🔊녹음대본 没有手机的话，会有哪些不便之处？핸드폰이 없으면 어떤 불편한 점이 있습니까?

💬모범답안 没有手机的话，会有很多不便之处。首先，不能随时打电话或发短信，所以找人或办事的时候非常麻烦。其次，不能随时随地上网，所以查资料、预订机票和酒店的时候会非常不方便。现在我们的生活离不开手机了，很难想象没有手机的生活会是什么样的。 핸드폰이 없으면 많은 불편함이 있을 것입니다. 우선, 수시로 전화하거나 메시지를 보낼 수 없기 때문에 사람을 찾거나 볼 일을 볼 때 아주 번거롭습니다. 둘째, 언제 어디서나 인터넷을 할 수 없어 자료를 검색하고, 비행기표 예매하고, 호텔 예약할 때 아주 불편합니다. 지금 우리의 생활은 핸드폰과 떼려야 뗄 수 없으며, 핸드폰이 없는 생활이 어떤 생활일지 상상할 수 없습니다.

9. 🔊녹음대본 有人建议为了减轻孩子的学习负担，应该缩短上课时间，减少课本内容，请谈谈你的看法。아이의 학습 부담을 줄이기 위해 아이들의 수업 시간을 줄이고 교과 내용도 줄여야 한다고 건의하는 사람이 있는데 당신의 생각을 말해 보세요.

💬모범답안 我赞成这个观点。现在的孩子学习压力很大，不仅上课时间长，学习内容也很多，所以应该减轻孩子的负担，不要让孩子总是坐在教室里学习，要

让他们多去外边活动，这样孩子才会更健康、更活泼、更可爱。我赞成这种观点。现在的孩子学业压力很大。不仅上课时间长，而且学的内容也很多。因此要减轻孩子们的负担。不能让孩子每天在教室里只是学习，要让他们去外边多活动。这样孩子会更健康、更活泼、更可爱。저는 이러한 관점에 찬성합니다. 지금의 아이들은 학업 스트레스가 심합니다. 수업 시간이 길뿐만 아니라 배우는 내용도 너무 많습니다. 따라서 아이들의 부담을 덜어줘야 합니다. 아이가 매일 교실에서 공부만 하게 해서는 안 되고 밖에 나가서 활동을 많이 하도록 해야 합니다. 그러면 아이가 더 건강하고 더 활발하고 더 예뻐질 것입니다.

실전테스트 4회 (MP3) 5-24-1 ······· p.104

1. 🎧녹음대본 现在你们国家天气怎么样? 지금 당신 나라의 날씨는 어떻습니까?

💬모범답안 韩国现在是春天，天气非常好，不冷也不热，最高气温是22度，最低气温是15度，有时刮风，有时下雨。我很喜欢春天，因为春天各种花都开了，非常漂亮。지금 한국은 봄이고 날씨가 아주 좋습니다. 춥지도 않고 덥지도 않습니다. 최고기온은 22도이고 최저기온은 15도입니다. 때로는 바람이 불고 때로는 비가 내립니다. 저는 봄을 아주 좋아합니다. 왜냐하면 봄에는 각종 꽃이 모두 펴 아주 예쁘기 때문입니다.

2. 🎧녹음대본 你喜欢看棒球、足球等体育比赛吗? 당신은 야구, 축구 등 스포츠 경기 보는 것을 좋아합니까?

💬모범답안 我喜欢打棒球，也喜欢看棒球比赛，所以周末我常常在家里看棒球比赛，在家里看比赛很舒服，一边看比赛，一边喝啤酒，不仅可以缓解压力，还可以放松一下。저는 야구하는 것도 좋아하고 야구 경기를 보는 것도 좋아해서 주말에 집에서 자주 야구 경기를 봅니다. 집에서 경기를 보면 아주 편안합니다. 경기를 보면서 맥주를 마시면 스트레스를 해소할 수도 있고 긴장을 풀 수도 있습니다.

3. 🎧녹음대본 你跟你们公司的同事关系怎么样? 당신은 당신 회사의 동료들과 사이가 어떻습니까?

💬모범답안 我跟我们公司的同事关系非常好，我的上司工作很认真，而且性格也非常好。另外，我的同事们也非常好，所以遇到困难的时候，大家互相帮助、互相鼓励。저는 저희 회사 동료들과 사이가 아주 좋습니다. 저희 상사는 일을 아주 열심히 하고 성격도 아주 좋습니다. 그리고 저희 동료들도 아주 좋습니다. 그래서 어려움에 부닥쳤을 때 우리는 서로 돕고 서로 격려해줍니다.

4. 🎧녹음대본 有空的时候，你看杂志、书还是报纸? 시간이 있을 때 당신은 잡지나 책, 혹은 신문을 봅니까?

💬모범답안 有空的时候我喜欢看书，每天上班的时候，在地铁里一边看书一边听音乐，我觉得非常好。周末我常去图书馆看书，图书馆里有很多书，而且很安静。시간이 있을 때 저는 책 보는 것을 좋아합니다. 매일 출근할 때 지하철 안에서 책을 보면서 음악을 들으면 아주 좋은 것 같습니다. 저는 주말에 자주 도서관에 가서 책을 봅니

다. 도서관 안에는 책이 아주 많고 게다가 아주 조용합니다.

5. 🎧녹음대본 你存钱吗? 如果存钱的话，你一般存收入的百分之多少? 당신은 저금을 합니까? 저금을 한다면 보통 월급의 몇 퍼센트를 합니까?

💬모범답안 我每个月不能存钱，因为我的工资不太高，但是物价很高，所以我的支出很大，比如房租、电费、电话费和孩子的教育费等，所以我的压力很大。저는 매달 저금을 못합니다. 제 월급은 많지 않은데 물가는 아주 비쌉니다. 그래서 저의 지출은 아주 많습니다. 예컨대 집세, 전기세, 전화세와 아이의 교육비 등입니다. 그래서 저는 스트레스가 아주 심합니다.

6. 🎧녹음대본 你认为你们国家的房价高吗? 당신은 당신 나라의 집값이 비싸다고 생각합니까?

💬모범답안 我认为韩国的房价非常高，现在人均收入不到三万美金，但是平均房价大概是40万美金，所以大多数人买不起房子，只好租房子住，而房租又不便宜。除了房价以外，物价也很高，所以人们压力很大。저는 한국의 집값이 아주 비싸다고 생각합니다. 현재 1인당 수입은 3만 달러가 안 되는데 평균 집값은 약 40만 달러가 됩니다. 그래서 대다수의 사람은 집을 사지 못하기 때문에 할 수 없이 집을 임대해서 사는데, 집세가 싸지 않습니다. 집값 말고 물가도 아주 비쌉니다. 그래서 스트레스가 아주 심합니다.

7. 🎧녹음대본 工作和家庭，你觉得哪个更重要? 为什么? 일과 가정 중 어느 것이 더 중요하다고 생각합니까? 이유는?

💬모범답안 我觉得家庭更重要，如果你有一个幸福和睦的家庭的话，你可以把你的精力都集中在工作上，这样工作会更有成效。另外，如果你的工作不太顺利的话，你可以换工作，但是家庭不能轻易地替换，所以我觉得家庭比事业更重要。저는 가정이 더 중요하다고 생각합니다. 행복하고 화목한 가정이 있으면 당신은 모든 정력을 일에 집중 할 수 있기 때문에 더욱 성과가 있을 것입니다. 그리고 일이 순조롭지 않으면 다른 직장으로 옮길 수 있지만 가정은 쉽게 바꿀 수 없습니다. 그래서 저는 가정이 일보다 더 중요하다고 생각합니다.

8. 🎧녹음대본 你认为最近老年人和年轻人之间的代沟严重吗? 당신은 요즘 노인과 젊은이들 간의 세대차이가 심하다고 생각합니까?

💬모범답안 现代社会发展太快了，所以老年人和年轻人的生活环境、生活方式以及他们对新生事物的看法有很大的差别，所以老年人和年轻人之间会产生矛盾，互相不理解，这是自然的，我们不必大惊小怪，重要的是要尽量理解和包容对方，这样就不会存在代沟了。현대사회의 발전은 매우 빠릅니다. 따라서 노인과 젊은이들간의 생활환경, 생활방식 및 그들이 새로운 일에 대한 견해가 크게 다릅니다. 그 때문에 노인과 젊은이들 간에

는 갈등이 생기고 서로 이해하지 못합니다. 이것은 당연한 것이니 놀랄 필요가 없습니다. 중요한 것은 되도록 상대방을 이해하고 포용하는 것입니다. 그러면 세대차이가 없을 것입니다.

9. 녹음대본 营销工作和行政工作之中，你更喜欢哪一种工作? 영업직과 행정직 중에서 당신은 어떤 일을 더 선호합니까?

모범답안 我更喜欢做营销工作。因为我不喜欢整天坐在办公室里工作，我喜欢去外边活动，喜欢见人，所以我更喜欢做营销工作。如果卖得好的话，有成就感，另外还有奖金，所以我更喜欢做营销工作。저는 영업직을 더 선호합니다. 저는 온종일 사무실에 앉아 일하는 것을 싫어하고, 밖에 나가서 활동하고, 사람을 만나는 것을 좋아하기 때문에 영업직을 더 선호합니다. 만약 판매가 잘 되면 성취감도 있고 상여금도 있습니다. 그래서 저는 영업직을 더 선호합니다.

실전테스트 5회 MP3 5-25-1 ⋯⋯⋯⋯⋯⋯⋯ p.108

1. 녹음대본 你一般什么时候上网? 당신은 보통 언제 인터넷을 합니까?

모범답안 我每天都上网，早上上班的时候，我在地铁里上网看新闻、看电视。到公司以后，我上网收发电子邮件，下班以后我喜欢在家里上网聊天儿。저는 매일 인터넷을 합니다. 아침에 출근할 때 지하철 안에서 인터넷에 접속하여 뉴스와 TV를 봅니다. 회사에 도착하면 인터넷으로 이메일을 주고받고, 퇴근하면 집에서 인터넷 채팅하는 것을 좋아합니다.

2. 녹음대본 你常常见以前的朋友吗? 당신은 예전 친구들을 자주 만납니까?

모범답안 不经常见面，因为我工作很忙，平时经常加班，周末得帮爱人做家务，还得陪孩子玩儿，所以没有时间。但是我们每年都有同学会，那时我一般都参加，我们一起吃饭、喝酒、聊天儿，非常开心。자주 만나지 않습니다. 저는 일이 매우 바빠서 평일에 자주 야근합니다. 주말엔 배우자를 도와 집안일을 해야 하고 또 아이와 함께 놀아줘야 하므로 시간이 없습니다. 그러나 우리는 매년 동창회가 있는데 그땐 보통 참석합니다. 우리는 함께 식사하고 술 마시고 이야기하며 아주 즐겁습니다.

3. 녹음대본 你有没有花很多钱要买的东西? 당신은 돈을 많이 써서 사야 할 물건이 있습니까?

모범답안 没有。因为我的工资不太高，但是物价很高，所以我的支出很大，比如房租、电费、电话费和孩子的教育费等，所以我一般很少买贵的东西。없습니다. 제 월급은 많지 않은데 물가는 아주 비쌉니다. 그래서 저의 지출은 아주 많습니다. 예컨대 집세, 전기세, 전화세와 아이의 교육비 등입니다. 그래서 저는 비싼 물건을 자주 사지

않습니다.

4. 녹음대본 学习汉语的时候，你有什么特别的方法吗? 당신은 중국어를 배울 때 특별한 방법이 있습니까?

모범답안 学习汉语的时候，要多听、多说、多看、多写，另外，我觉得看电视、看电影、跟中国人聊天儿也不错，如果有机会的话，去中国留学更好。중국어를 배울 때는 많이 듣고, 많이 말하고, 많이 보고, 많이 써야 합니다. 이외에도 TV와 영화를 보고, 중국인과 이야기하는 것도 좋다고 생각합니다. 기회가 있으면 중국에 유학 가면 더욱 좋습니다.

5. 녹음대본 工作的时候，你常常跟客户见面吗? 일할 때 자주 고객과 만납니까?

모범답안 是的，工作的时候，我常常跟客户见面，我们的客户大多数在中国，所以我常常去中国出差，跟中国客户见面的时候，我们经常一起喝酒，一边喝酒一边谈工作。그렇습니다. 일할 때 저는 자주 고객과 만납니다. 저의 고객 대다수는 중국에 있습니다. 그래서 저는 자주 중국에 출장 갑니다. 중국 고객과 만날 때 자주 함께 술을 마시는데 술을 마시면서 업무 이야기도 합니다.

6. 녹음대본 公司给你很多奖金的话，你会用这笔钱做什么? 회사에서 많은 보너스를 준다면 당신은 이 돈으로 무엇을 할 것입니까?

모범답안 我会存起来，因为我的工资不太高，但是物价很高，所以我的支出很大，比如房租、电费、电话费和孩子的教育费等。我把钱存起来以后，可以贴补我的生活，这样可以减轻我的生活负担。저는 저금할 것입니다. 제 월급은 그다지 많지 않은데 물가는 아주 비쌉니다. 그래서 저의 지출은 아주 많습니다. 예컨대 집세, 전기세, 전화세, 생활비와 아이의 교육비 등입니다. 돈을 저금하면 생활에 보탤 수 있고, 그러면 생활부담을 덜 수 있습니다.

7. 녹음대본 人际关系好的人有哪些特点? 인간관계가 좋은 사람은 어떤 특징이 있습니까?

모범답안 一般来说，人际关系好的人热情、大方、主动，关心和爱护别人，也喜欢帮助别人，所以遇到困难的时候，大家都喜欢找他帮忙，当然他有困难的时候，大家也会帮助他。일반적으로 인간관계가 좋은 사람은 열정적이고 대범하고 주동적이며, 다른 사람에게 관심을 기울이고 아껴주며 남을 도와주는 것을 좋아하기 때문에 어려움에 부닥쳤을 때 모두 그에게 도움을 청하는 것을 좋아합니다. 물론 그가 어려움이 있을 때도 다들 그를 도와줍니다.

8. 녹음대본 在公司里什么样的人比较受欢迎? 회사에서 어떤 사람이 비교적 환영을 받습니까?

모범답안 第一、性格要好，因为我们每天在一起工作，如果性格不好的话，会给大家带来麻烦。第二、要幽默，因为工作很单调，又非常累，所以如果有一

个幽默的人的话，气氛会比较好。第三、还要有工作能力，如果一个人工作能力很差的话，会给周围的人带来负担。 첫째, 성격이 좋아야 합니다. 우리는 매일 함께 일하므로 성격이 좋지 않으면 모두에게 폐를 끼칠 수 있습니다. 둘째, 유머가 있어야 합니다. 일하는 것은 아주 단조롭기 때문에 유머러스한 사람이 한 명 있으면 분위기가 비교적 좋습니다. 셋째, 업무 능력도 있어야 합니다. 만약 업무 능력이 없으면 주위 사람들에게 부담을 줄 것입니다.

9. 🔊녹음대본 最近工作的女人越来越多了，这会影响你们国家的出生率吗? 요즘 일하는 여성이 점점 많아지고 있습니다. 이는 당신 나라의 출생률에 영향을 미칩니까?

💬모범답안 最近工作的女人越来越多了，女人的压力也越来越大了，女人不仅要工作，还要做家务，如果生孩子的话，女人的压力会更大，所以有的人不想生孩子或者少生孩子，这会影响出生率，我觉得政府应该想办法解决这个问题。 요즘 일하는 여성이 점점 많아지고, 여성의 스트레스도 점점 심해지고 있습니다. 여성은 일을 해야 할 뿐만 아니라, 집안일도 해야 합니다. 만약 아이를 낳게 되면 여성의 스트레스는 더욱 심해질 것입니다. 그래서 어떤 사람들은 아이를 낳지 않거나 아이를 적게 낳으려고 합니다. 이는 출생률에 영향을 미칠 것이니 정부는 반드시 방법을 찾아 이 문제를 해결해야 합니다.

제6부분

확인 문제

1 타이르기/충고하기 🎧 6-01-1 ·································· p.117

1.
🔊녹음대본 你的女儿是高中生，她想打工，作为妈妈，请你劝劝她。 당신의 딸은 고등학생인데, 아르바이트하려고 합니다. 엄마로서 딸을 타일러 보세요.

💬모범답안 孩子，你是高中生，现在你的主要任务是学习，而不是打工。如果你打工的话，会影响你学习，我希望你努力学习，考上好大学，考上大学以后，你可以随便打工，那时妈妈不会阻拦你的。 애야, 넌 고등학생이고, 지금 네가 할 일은 공부하는 것이지, 아르바이트하는 것이 아니란다. 아르바이트하면 너의 학업에 영향을 끼치게 될 거야. 엄마는 네가 열심히 공부하여 좋은 대학에 들어가기를 바란다. 대학에 들어간 다음엔 마음대로 아르바이트를 해도 돼. 그땐 엄마가 말리지 않을게.

2.
🔊녹음대본 你的孩子的手机费每个月都很高，你是他妈妈，请你劝劝他。 당신 아이의 핸드폰 요금이 너무 많이 나옵니다. 엄마로서 아들을 타일러 보세요.

💬모범답안 亲爱的孩子，你每天用手机上网玩儿游戏、听音乐、看电影，还经常跟朋友聊天儿，所以你的手机费每个月都很高，从下个月开始你的手机费不要超过四万块，明白了吗? 사랑하는 우리 아들, 매일 핸드폰으로 인터넷에 접속해서 게임을 하고 음악 듣고 영화도 보고, 친구들과 자주 채팅해서 네 핸드폰 요금이 너무 많이 나와. 다음 달부터 네 핸드폰 요금이 4만 원을 초과하면 안 돼. 알았지?

3.
🔊녹음대본 新职员经常在办公室里玩儿游戏，影响工作，这时你怎么劝他? 신입사원이 업무 시간에 자주 게임을 하여 업무에 영향을 줍니다. 이때 그에게 어떻게 충고하겠습니까?

💬모범답안 南南，你在做什么呢? 是在玩儿游戏吗? 现在是工作时间，玩儿游戏不太好吧，如果你累的话，可以去外边休息一会儿，在办公室里最好不要玩儿游戏。 남남 씨, 무엇을 하고 있나요? 게임을 하는 거예요? 지금은 업무시간인데 게임 하는 것은 좋지 않겠죠. 힘들면 밖에 나가서 좀 쉬어도 되니, 사무실에서는 되도록 게임을 하지 않는 것이 좋겠습니다.

2 약속하기/약속 변경하기 （MP3）6-02-1 .... p.118

1.
🔴녹음대본 你本来打算今天晚上跟家人一起去饭店吃饭，而且已经预订好了，但是突然有事儿不能去了，请你给饭店打电话改一下日期。 당신은 원래 오늘 저녁에 식구들과 함께 식당에 가서 식사하려고 했고 이미 예약도 해놨습니다. 그런데 갑자기 일이 생겨 갈 수 없게 됐습니다. 식당에 전화하여 날짜를 변경해 보세요.

💬모범답안 你好！我姓金，我叫金敏浩。我本来打算今天晚上跟家人一起去你们饭店吃饭，而且已经预订好了，但是突然家里有事儿不能去了，真不好意思，我想下个星期六晚上八点去，一共八个人，我想要一个包间，可以吗? 안녕하세요! 저는 김 씨이고 김민호라고 합니다. 원래 오늘 저녁에 식구들과 함께 당신의 식당에 가서 식사하려고 했고 이미 예약도 해놨습니다. 그런데 집에 갑자기 일이 생겨 갈 수 없게 됐습니다. 정말 미안합니다. 다음 주 토요일 저녁 8시에 가려고 합니다. 모두 8명인데 단독 룸 하나를 원합니다. 가능한가요?

2.
🔴녹음대본 下班以后你本来打算跟朋友见面，但是公司里突然发生了急事，请你跟朋友说明一下情况，并改一下见面时间。 퇴근 후 친구와 만나기로 했는데 회사에 갑자기 급한 일이 생겼습니다. 친구한테 상황을 설명하고 시간을 바꾸어 보세요.

💬모범답안 南南，真不好意思，今天下班以后我本来打算跟你见面，但是公司里突然发生了急事，今天晚上我得加班，所以不能跟你见面了，希望你理解我，这个星期五晚上你有时间吗? 남남아, 정말 미안한데, 오늘 퇴근 후에 너와 만나기로 했는데 회사에 갑자기 급한 일이 생겼어. 오늘 저녁에 야근을 해야 하기 때문에 너와 만날 수 없어. 이해해 줘. 이번 주 금요일 저녁에는 시간 있어?

3.
🔴녹음대본 打印机出毛病了，请你给打印机修理店打电话，跟他约一下时间。 프린터가 고장이 났습니다. 프린터 수리점에 전화하여 시간 약속을 해 보세요.

💬모범답안 喂，你好！我家的打印机坏了，需要修理，你能不能到我家来帮我修理一下? 我很着急，所以希望你早点儿来，今天或者明天晚上六点以后都可以，麻烦你帮我安排一下，好吗? 拜托你了! 여보세요, 안녕하세요! 우리 집 프린터가 고장 나서 수리해야 합니다. 집에 와서 수리해 주실 수 있습니까? 아주 급해서 좀 일찍 오시면 좋겠어요. 오늘 혹은

내일 저녁 6시 이후 모두 가능합니다. 번거로우시겠지만 시간을 좀 내주실 수 있을까요? 부탁드립니다!

3 문제 해결(대안 제시)하기 （MP3）6-03-1 .... p.119

1.
🔴녹음대본 你在百货公司订了一双鞋，但是已经过了两个星期还没有消息，请你给百货公司打电话抗议一下。 당신은 백화점에서 구두 한 켤레를 주문했는데 2주 지나도 소식이 없습니다. 백화점에 전화하여 항의해 보세요.

💬모범답안 喂，你好！我姓李，我叫李英淑。我在百货公司订了一双鞋，但是已经过了两个星期还没有消息，这是怎么回事啊? 你们原来说只需要一个星期，是不是出现了什么差错? 麻烦你帮我确认一下，好吗? 여보세요, 안녕하세요! 저는 이 씨이고, 이영숙이라고 합니다. 제가 백화점에서 구두 한 켤레를 주문했는데 2주 지나도 소식이 없습니다. 이게 어찌 된 일입니까? 원래 1주일이 소요된다고 했는데, 착오가 생긴 것 아닌가요? 번거롭지만 확인 좀 해주실래요?

2.
🔴녹음대본 服务员上的菜当中，有一个菜不是你点的，请你向服务员说明一下情况。 종업원이 가져온 요리 중 당신이 주문하지 않은 요리 하나가 있습니다. 종업원에게 상황을 설명해 보세요.

💬모범답안 服务员，你好！这是什么菜啊? 是北京烤鸭吗? 我没点北京烤鸭，我只点了一个烤肉和一个泡菜汤，你是不是搞错了? 请你确认一下，好吗? 안녕하세요! 이것은 무슨 요리인가요? 베이징 오리구이인가요? 저는 베이징 오리구이를 주문하지 않았습니다. 불고기 하나와 김치찌개 하나만 주문했는데, 착오가 생긴 것 아닌가요? 확인 좀 해주실래요?

3.
🔴녹음대본 公寓的入口结冰了，请给物业打电话，解决一下这个问题。 아파트 입구가 얼었습니다. 관리실에 전화하여 이 문제를 해결해 보세요.

💬모범답안 喂，你好！是物业吗? 我住在408号，今天早上上班的时候，我发现公寓的入口结冰了，这很危险，特别是老人和孩子很容易滑倒，最近天气非常冷，所以一般来说是不会化的，希望你马上派人解决一下这个问题。 여보세요, 안녕하세요! 아파트 관리사무실이죠? 제는 408호실에 살고 있는데요, 오늘 아침 출근할 때 아파트 입구에 얼음이 언 것을 발견하였습니다. 이것은 너무 위험해요. 특히 노인과 아이들은 쉽게 미끄러져 넘어질 수 있습니다. 요즘 날씨가 매우 추워서 녹지 않을 것이니 지금 바로 사람을 보내 이 문제를 해결해 주시기 바랍니다.

녹음 대본 및 모범 답안

4 위로하기/격려하기 (MP3) 6-04-1 .... p.120

1.

🎙녹음대본 你的同事这次没晋升上，请你安慰一下他。당신의 동료가 이번에 진급하지 못했습니다. 위로해 주세요.

💬모범답안 南南，听说你没晋升上，我理解你现在的心情，你不要伤心，要振作起来，我觉得你有能力，也很聪明，下次你一定能晋升上，加油！남남 씨, 진급하지 못했다고 들었어요. 당신의 기분을 이해합니다. 상심하지 말고 힘내세요. 당신은 능력도 있고 머리도 좋아서 다음에 반드시 진급할 거예요. 파이팅!

2.

🎙녹음대본 你的朋友被公司解雇了，安慰一下他吧。당신의 동료가 회사에서 해고됐습니다. 위로해 주세요.

💬모범답안 丽丽，听说你被公司解雇了，我理解你现在的心情，你不要伤心，要振作起来，我觉得你有能力，也很聪明，你一定能找到更好的工作，加油！리리 씨, 회사에서 해고됐다고 들었어요. 당신의 기분을 이해합니다. 상심하지 말고 힘내세요. 당신은 능력도 있고 머리가 좋아서 반드시 더 좋은 일자리를 찾을 거예요. 파이팅!

3.

🎙녹음대본 你的弟弟刚毕业，正在找工作，不过因为找工作不太顺利，所以他很伤心，请你安慰安慰他。당신의 남동생은 막 졸업하고 일자리를 찾고 있는데 일자리 찾는 것이 순조롭지 않아서 많이 속상해 합니다. 남동생을 위로해 보세요.

💬모범답안 亲爱的弟弟，你刚毕业，正在找工作，不过不太顺利，因为现在经济不景气，所以找工作越来越难，我理解你现在的心情，你不要伤心，要振作起来，我觉得你有能力，也很聪明，你一定能找到非常好的工作，加油！사랑하는 내 동생, 너는 이제 막 졸업하고 일자리를 찾고 있는데 순조롭지 않지. 지금 경제가 불경기이기 때문에 일자리 찾기가 점점 어려워. 난 네 기분을 이해해. 상심하지 말고 기운 내. 넌 능력도 있고 머리가 좋아서 반드시 좋은 일자리를 찾을 거야. 파이팅!

5 설득하기 (MP3) 6-05-1 .... p.121

1.

🎙녹음대본 你想去中国留学，不过你的父母反对，请你说服你的父母。당신은 중국으로 유학 가고 싶은데 부모님은 반대합니다. 부모님을 설득해 보세요.

💬모범답안 亲爱的爸爸、妈妈，我想去中国留学，你们为什么反对啊？去中国留学不仅能学到汉语，而且还可以了解中国文化，交中国朋友。另外，现在中国在世界上的地位越来越高，所以一定要了解中国，这对我以后找工作也会非常有利。사랑하는 아빠, 엄마, 저는 중국에 유학 가고 싶은데 왜 반대하세요? 중국에 유학 가면 중국어를 배울 수 있을 뿐만 아니라, 중국문화도 이해할 수 있고 중국친구도 사귈 수 있어요. 그리고 현재 중국은 세계에서 위상이 점점 높아지고 있기 때문에 반드시 중국을 잘 알아야 해요. 이는 제가 나중에 일자를 찾을 때 아주 유리할 거예요.

2.

🎙녹음대본 你爱人想让孩子去外国留学，可是你不同意，请你说服你爱人。당신의 배우자가 아이를 외국으로 유학 보내고 싶어 하지만 당신은 동의하지 않습니다. 배우자를 설득해 보세요.

💬모범답안 亲爱的，你想让孩子去外国留学，可是我觉得不必要。去外国留学要花很多钱，可是我们没有那么多钱。另外，如果送孩子去外国留学的话，孩子压力很大，而且会很孤独，所以我觉得还是在韩国学习比较好，我们一家人可以在一起，我觉得这比什么都重要。자기야, 당신은 아이를 외국으로 유학 보내려고 하는데, 나는 그럴 필요가 없다고 생각해요. 외국에 유학 가면 돈이 아주 많이 필요한데, 우리는 그렇게 많은 돈이 없어요. 그리고 아이를 외국으로 유학 보내면 아이는 스트레스를 많이 받을 거고, 또 많이 외로울 거예요. 그래서 내 생각에는 그래도 한국에서 공부하는 것이 더 좋을 것 같아요. 우리 식구가 함께 있을 수 있고, 나는 이것이 무엇보다 중요하다고 생각해요.

3.

🎙녹음대본 周末你想去孤儿院做义工，请你说服你的朋友跟你一起去。주말에 당신은 보육원에서 봉사활동을 하려고 합니다. 친구에게 함께 가자고 설득해 보세요.

💬모범답안 丽丽，你好！这个周末你有空吗？我想去孤儿院做义工，你跟我一起去吧。孤儿院里的孩子非常天真，也很可爱，你一定会喜欢的，跟他们在一起你会觉得非常开心。리리야, 안녕! 이번 주 토요일에 시간 있어? 나 보육원에 가서 자원봉사활동을 하려고 하는데 나랑 같이 가자. 보육원의 아이들은 천진난만하고 귀여워. 네가 반드시 좋아할 거야. 아이들과 같이 있으면 아주 즐겁게 느껴져.

1. 🎧녹음대본 孩子吵着要出去玩儿，可是外边天气很冷，请你劝孩子在家里玩儿。아이가 나가서 놀겠다고 떼를 쓰는데 밖에 날씨가 너무 춥습니다. 아이가 집에서 놀도록 타일러 보세요.

💬모범답안 孩子，今天外边天气很冷，如果出去玩儿的话，会感冒的，跟爸爸一起在家里玩儿，好吗？你想玩儿什么？要不我们一起看卡通吧，看完以后，妈妈会给我们做好吃的，你想吃什么现在可以跟妈妈讲。얘야, 오늘 밖에 너무 추워. 밖에 나가서 놀면 감기 걸릴거야. 아빠랑 함께 집에서 노는 게 어때? 뭐 하고 놀고 싶니? 아니면 우리 같이 만화 보자. 다 보면 엄마가 맛있는 거 해 주실 거야. 먹고 싶은 것 있으면 지금 엄마에게 말해.

2. 🎧녹음대본 你已经预订好了机票，但是因为突然有急事，你要推迟出差日期，请给旅行社打电话说明一下情况。당신은 이미 비행기표를 예약했습니다. 그런데 갑자기 급한 일이 생겨 출장 일정을 미루려고 합니다. 여행사에 전화하여 상황을 설명해 보세요.

💬모범답안 你好！是旅行社吗？我姓李，我叫李敏浩，我本来打算下个星期一去出差，而且已经预定好了机票，但是因为突然有急事，我想推迟一下出差日期，我想下星期三去，麻烦你帮我改一下机票，好吗？안녕하세요! 여행사죠? 저는 이 씨이고, 이민호라고 합니다. 저는 원래 다음 주 월요일에 출장 가려고 했고 표도 이미 예매했는데, 갑자기 급한 일이 생겨서 출장 일정을 좀 미루려고 합니다. 다음 주 수요일에 가려고 하는데, 번거롭겠지만 비행기표를 좀 바꿔주실래요?

3. 🎧녹음대본 下个月你去中国出差，你打算利用这个机会跟朋友见面，请你打电话告诉他这个消息。당신은 다음 달에 중국으로 출장 가는데, 이 기회를 이용하여 친구를 만나려고 합니다. 친구에게 전화하여 이 소식을 알리세요.

💬모범답안 喂，你好！最近过得怎么样？下个月我去上海出差，顺便想见见你，你有没有时间？我从下个月一号到六号都在上海，晚上我一般没事，你什么时候方便？我们见个面吧，我们好长时间没见面了，我很想见你。여보세요, 안녕! 요즘 어떻게 지내? 다음 달 상하이에 출장 가는 김에 너를 만나고 싶은데 시간있어? 나는 다음 달 1일부터 6일까지 모두 상하이에 있는데 저녁에는 보통 일이 없어. 언제가 편해? 우리 한 번 만나자. 우리 못 본 지 오래돼서 꼭 만나고 싶어.

1. 🎧녹음대본 你在网上买了一件衣服，但是收到东西以后，你不太满意，请打电话要求退换。당신은 인터넷에서 옷 한 벌을 샀는데 받아보니 마음에 들지 않습니다. 전화하여 환불요청을 해 보세요.

💬모범답안 你好！前两天我在你们网上买了一件衣服，今天收到了，但是我穿有点儿大，而且颜色太艳了，我不太喜欢，所以我想退货，可以吗？如果不能退的话，帮我换一件小号的吧。안녕하세요! 며칠 전 인터넷에서 옷 한 벌을 샀습니다. 오늘 받았는데 좀 크고 색이 너무 화려해서 마음에 들지 않아요. 그래서 환불하려고 하는데 가능할까요? 환불할 수 없으면 작은 사이즈로 바꿔주세요.

2. 🎧녹음대본 客人想买笔记本电脑，你会推荐他买哪一种？손님이 노트북을 사려고 하는데 당신은 어떤 종류를 추천하겠습니까?

💬모범답안 你好！你想买笔记本电脑吗？这是我们公司的最新产品，重量轻，容量大，网速快，所以用起来非常方便。你看，这台电脑的颜色和款式也很新颖，现在很多年轻人都喜欢这种款式。另外，我们正在搞活动，可以打八折，所以现在买的话非常合适。안녕하세요! 노트북을 사려고 하십니까? 이것은 우리 회사 최신 제품인데, 무게는 가볍지만 용량이 크고 속도가 빨라서 사용하기에 아주 편리합니다. 이 컴퓨터의 색상과 디자인이 예뻐서 지금 많은 젊은이는 모두 이런 종류를 선호합니다. 그리고 지금 행사를 하고 있어서 20%를 할인받을 수 있기 때문에 지금 사는 것이 아주 적절합니다.

3. 🎧녹음대본 你们公司打算开一个新产品发布会，请你给客户打电话，让他们参加你们公司的新产品发布会。당신의 회사에서 신제품 발표회를 열 계획입니다. 바이어에게 전화하여 당신 회사의 신제품 발표회에 참석하도록 하세요.

💬모범답안 喂，你好！你是李科长吗？我是韩国三星电子的李英淑，好久不见了，最近过得怎么样？我们公司打算开一个新产品发布会，下个星期一下午三点，在首尔举办，这次我们将展出很多新产品，我们非常希望你能来。여보세요, 안녕하세요! 이 과장님이세요? 저는 한국 삼성전자의 이영숙입니다. 오랜만입니다. 요즘 어떻게 지내세요? 저희 회사에서 신제품 발표회를 합니다. 다음 주 월요일 오후 3시 서울에서 개최하며, 이번에 많은 신제품을 전시할 것입니다. 당신이 오실 수 있기를 매우 희망합니다.

1. 🎧녹음대본 因为个人问题，你要请长假，请你向领导说明一下情况。개인적인 문제 때문에 당신은 긴 휴가를 신청해야 합니다. 상사에게 상황을 설명해 보세요.

💬모범답안 金科长，你好！最近我身体不太好，所以我去医院检查身体了，我的病不太严重，不过大夫说得做手术，大概需要二十天，所以我想请假，我知道最近公司很忙，但是没办法，大夫说如果不住院的话，我的病会更严重。김 과장님, 안녕하세요! 요즘 제가 건강이 안 좋아서 병원에 검사하러 갔습니다. 병이 그렇게 심각한 것은 아닌데 의사 말로는 수술을 해야 한다고 합니다. 약

20일 정도 소요되므로 휴가를 신청하려고 합니다. 회사가 바쁜 것은 아는데 방법이 없습니다. 의사 말로는 입원하지 않으면 병이 더 심해진다고 합니다.

2. 🔊녹음대본 父母结婚纪念日快要到了，你想送给父母一个特别的礼物，请你跟弟弟商量一下。곧 부모님의 결혼기념일입니다. 당신은 부모님께 특별한 선물을 준비하려고 합니다. 남동생과 상의해 보세요.

💬모범답안 亲爱的弟弟，爸爸、妈妈的结婚纪念日快要到了，我们一起给爸爸、妈妈买一点儿礼物，怎么样？爸爸喜欢运动，妈妈喜欢买衣服，所以给爸爸买一双运动鞋，给妈妈买一件衣服，你觉得怎么样？사랑하는 동생, 곧 아빠, 엄마의 결혼기념일인데 우리 함께 아빠와 엄마에게 선물을 좀 사드리자, 어때? 아빠는 운동을 좋아하고 엄마는 옷 사는 것을 좋아하니 아빠에게는 운동화를, 엄마에게는 옷 한 벌을 사드리는 게 어때?

3. 🔊녹음대본 你没打过国际电话，但是手机费的话费单里有没使用过的国际电话费，请给电信公司打电话说明一下情况。당신은 국제전화를 한 적이 없는데 핸드폰 요금 청구서에 사용하지 않은 국제전화 요금이 있습니다. 통신사에 전화하여 상황을 설명해 보세요.

💬모범답안 喂，你好！我姓李，我叫李英淑。我的电话号码是010-1234-5678。我没打过国际电话，但是手机费的话费单里有没使用过的国际电话费。我在国外没有亲戚，也没有朋友，也没打过国际电话，这是怎么回事啊？真不可思议，你帮我确认一下，好吗？如果打过的话，请告诉我电话号码，如果没打过的话，请给我退钱。여보세요, 안녕하세요! 저는 이 씨이고 이영숙이라고 합니다. 제 전화번호는 010-1234-5678입니다. 저는 국제전화를 한 적이 없는데 핸드폰 요금 청구서에 사용하지 않은 국제전화 요금이 있습니다. 저는 외국에 친척도 없고 친구도 없고 국제전화를 한 적도 없는데 이게 어찌 된 일입니까? 정말 이해할 수 없군요. 확인 좀 해주실래요? 만약 한 적이 있으면 전화번호를 알려주시고, 한 적이 없으면 돈을 환불해 주세요.

유형마스터 4회 🔊 6-14-1 ·········· p.125

1. 🔊녹음대본 你家旁边的公园儿太吵了，影响你休息，请你给管理部门打电话解决一下这个问题。당신의 집 옆에 있는 공원이 너무 시끄러워서 당신의 휴식에 방해가 됩니다. 관리사무실에 전화하여 이 문제를 해결해 보세요.

💬모범답안 喂，你好！是物业吗？我住在302号，我们公寓旁边的公园儿太吵了，噪音很大，影响我休息，你们能不能采取什么措施啊？我们每个月交那么多物业费，所以你们应该想办法解决这个问题。여보세요, 안녕하세요! 관리사무실이죠? 저는 302호에 사는데, 우리 아파트 옆에 있는 공원이 너무 시끄럽습니다. 소음이 너무 심해서 휴식에 방해가 됩니다. 조치를 좀 취할 수 없나요?

저희는 매달 많은 관리비를 내고 있으니 방법을 찾아서 이 일을 좀 해결해주셔야 할 것 같네요.

2. 🔊녹음대본 下星期你的朋友要结婚，可是你有事不能参加他的婚礼，请你给他打电话说明一下情况。다음 주 당신의 친구가 결혼합니다. 그런데 당신은 일이 있어 친구의 결혼식에 참석할 수 없습니다. 그에게 전화해서 상황을 설명해 보세요.

💬모범답안 喂，你好！南南。下星期你要结婚，恭喜恭喜！我本来想参加你的婚礼，但是我们科长突然让我去中国出差，所以我不能参加你的婚礼了，真不好意思，希望你理解我，不过我已经给你买了礼物，见面的时候我再给你吧。여보세요, 안녕하세요! 남남 씨. 다음 주에 당신 결혼하죠. 축하합니다! 저는 원래 당신의 결혼식에 참석하려고 했는데 우리 과장님이 갑자기 중국으로 출장 가라고 해서 당신의 결혼식에 참석할 수 없게 됐어요. 정말 미안해요. 이해해 주시길 바랍니다. 하지만 제가 이미 당신에게 줄 선물을 사 놨어요. 만날 때 줄게요.

3. 🔊녹음대본 孩子不学习，每天只玩儿游戏。你是他的妈妈，请劝劝你的孩子。아이가 공부하지 않고 매일 게임만 합니다. 당신은 그의 엄마입니다. 아이를 타일러 보세요.

💬모범답안 孩子，你不学习，每天只玩儿游戏，这样会影响你的学习成绩，而且玩儿游戏对身体也不太好。你是学生，所以你应该努力学习，如果你不努力学习的话，你可能会考不上大学。얘야, 너 공부 안 하고 매일 게임만 하면 학습 성적에 영향을 줄 거야. 게다가 게임을 하는 것은 몸에도 안 좋아. 넌 학생이기 때문에 공부를 열심히 해야 해. 열심히 공부하지 않으면 대학에 갈 수 없을 거야.

유형마스터 5회 🔊 6-15-1 ·········· p.126

1. 🔊녹음대본 你们部门的领导住院了，请你把这个消息转告给大家。당신 부서의 상사가 입원했습니다. 이 소식을 동료들에게 알려주세요.

💬모범답안 大家好！你们听说了吗？李科长住院了，好像要做手术，我们找个时间去看看他吧，我觉得下班以后去比较好，另外，那里停车不太方便，所以我们最好开一辆车去。여러분 안녕하세요! 알고 있나요? 이 과장님이 입원하셨습니다. 아마 수술을 할 것 같습니다. 우리 시간 내서 그를 보러 갑시다. 제 생각엔 퇴근 후에 가는 것이 비교적 좋을 것 같습니다. 그리고 그곳은 주차하기 불편하니 우리 차 한 대로 가는 것이 좋겠습니다.

2. 🔊녹음대본 今天晚上你本来要跟同事们一起吃晚饭，但是你突然有急事，不能参加，请你跟同事说明一下情况，并请求他们的谅解。오늘 저녁 당신은 원래 동료들과 함께 저녁 식사를 하려고 했는데 갑자기 급한 일이 생겨 참석할 수 없게 됐습니다. 동료들에게 상황 설명을 하고 양해를 구해 보세요.

💬모범답안 丽丽，今天晚上我本来想跟你们一起吃晚饭，但是我的孩子突然生病了，发烧、头疼、嗓子疼，我现在得马上回家，所以不能跟你们一起吃饭了，真不好意思，麻烦你转告一下大家。리리 씨, 오늘 저녁에 원래 당신들과 함께 저녁 식사를 하려고 했는데, 우리 아이가 갑자기 아파요. 열이 나고 머리가 아프고 목이 아파서 제가 지금 바로 집으로 가야 합니다. 그래서 당신들과 함께 식사할 수 없게 됐습니다. 정말 미안합니다. 다른 사람들에게 말씀 좀 전해주세요.

3. 🔊녹음대본 你的同事想换工作，请你劝劝你的同事。당신의 동료가 직장을 옮기려 합니다. 동료를 타일러 보세요.

💬모범답안 南南，你好！听说你想换工作，你为什么要换工作啊？是不是工作太累了？我觉得你现在的工作非常适合你，你在这个公司已经工作了十多年，而且工作做的也非常好，最好还是不要换工作，其实在哪里工作都一样。남남 씨, 안녕하세요! 듣자 하니 직장을 옮기려고 한다던데, 왜 옮기려고 하는 거예요? 일이 너무 힘든가요? 제 생각에 지금 이 일은 당신에게 아주 적합해요. 당신은 이 회사에서 이미 10년 넘게 일했고, 일도 아주 잘하잖아요. 직장을 옮기지 않는 것이 좋을 거예요. 사실 어디서 일하든 모두 마찬가지예요.

제7부분

확인 문제

1 즐거움 (MP3) 7-01-1 .... p.133

💬모범답안 今天是奶奶的生日，所以妈妈给奶奶买了一副手套，奶奶很开心。南南看到以后，他也想给妈妈买礼物，但是他没有钱。这时他看到了他的存钱罐儿，他砸碎了存钱罐儿，然后去商店给妈妈买了一条围巾。南南给妈妈礼物的时候，妈妈很开心，开心得合不上嘴。오늘은 할머니의 생신이어서 엄마는 할머니께 장갑 하나를 사드렸고, 할머니는 매우 기뻐하셨다. 남남은 이것을 보고 자신도 엄마에게 선물을 사주고 싶었으나 돈이 없었다. 이때 남남은 그의 저금통을 보았다. 그는 저금통을 깬 다음 상점에 가서 엄마에게 목도리 하나를 사드렸다. 남남이 엄마에게 선물을 줄 때 엄마는 너무 기뻐서 입을 다물지 못했다.

2 놀람/당황 (MP3) 7-02-1 .... p.135

💬모범답안 有一天，在办公室里，丽丽觉得身体不舒服，所以她对部长说："今天我身体有点儿不舒服，我想早点儿回家。"部长说："可以。"南南看见丽丽走了，他也想休息，所以他也对部长说："今天我身体有点儿不舒服，我想早点儿回家。"部长说："可以。"南南很开心，他来到咖啡厅，一边喝咖啡，一边玩儿手机。过了一会儿，部长突然进来了，南南吓了一跳，部长看到南南以后很生气，南南不知道该怎么办才好。어느날, 사무실에서 리리는 몸이 아파서 부장님에게 "오늘 몸이 좀 아파서 일찍 집에 가고 싶습니다."라고 말했고 부장님은 "그러세요."라고 했다. 남남은 리리가 나가는 것을 보고 자신도 쉬고 싶었다. 그래서 부장님에게 "오늘 몸이 좀 아파서 집에 일찍 집에 가고 싶습니다."라고 말했고 부장님은 "그러세요."라고 했다. 남남은 아주 기뻤고, 그는 커피숍에서 커피를 마시며 핸드폰을 가지고 놀고 있었다. 잠시후에 부장님이 갑자기 들어왔고, 남남은 깜짝 놀랐다. 부장님은 남남을 보고 무척 화가 났고, 남남은 어쩔 줄 몰랐다.

3 서프라이즈 (MP3) 7-03-1 .... p.137

💬모범답안 今天是丽丽的生日，所以她做了很多菜，她想跟老公一起吃晚饭。这时老公来电话了，老公说今天他工作很忙，得加班，所以不能回家吃饭了。丽丽很失望，也很伤心，她以为老公忘了她的生日。过了一会儿，老公手里拿着一个生日蛋糕回家了，丽丽吓了一跳，原来老公想给她一个惊喜，故意说今天得加班。丽丽很开心，开心得合不上嘴了。오늘은 리리의 생일이다. 그래서 그녀는 많은 요리를 해서 남편과 함께 저녁 식사를 하려고 했다. 이때 남편에게 전화가 왔고 남편은 오늘 업무가 바빠서 야근해야 하기 때문에 집에 가서 식사할 수 없다고 하였다. 리리는 아주 실망스럽고 속상했다. 그녀는 남편이 자신의 생일을 잊은 줄 알았다. 잠시 후, 남편이 손에 생일 케이크 하나를 들고 집으로 돌아왔다. 리리는 깜짝 놀랐다. 알고 보니 남편은 그녀를 놀라게 해 주려고 일부러 야근해야 한다고 했던 것이었다. 리리는 너무 기뻐서 입을 다물지 못했다.

4 화남 🎵 7-04-1 .... p.139

💬모범답안 在路上，南南看见两个男的在欺负丽丽，丽丽好像很害怕。南南想帮丽丽，所以他跑过去，踹了他们一脚。在教室里，大家正在上课，可是南南正在睡觉，突然南南踹起了桌子，老师吓了一跳，南南醒了，原来他在做梦。老师很生气，气得火冒三丈，老师说了南南一顿，南南不知道该怎么办才好。길에서 남남은 두 남자가 리리를 괴롭히고 있는 것을 보았다. 리리는 아주 두려워하는 것처럼 보였다. 남남은 리리를 도와주고 싶어서 달려가 그들을 발로 찼다. 교실에서 모두 수업하고 있었고, 남남은 자고 있었다. 그러다 갑자기 남남은 책상을 차기 시작하였다. 선생님은 깜짝 놀랐고 남남은 깨어났다. 알고 보니 그는 꿈을 꾸고 있었던 것이다. 선생님은 화가 머리끝까지 나 남남을 한바탕 혼냈고 남남은 어찌할 바를 몰랐다.

5 서러움 🎵 7-05-1 .... p.141

💬모범답안 下班的时候，爸爸手里拿着一个礼物回家了，哥哥和弟弟非常开心，开心得合不上嘴了。孩子们打开了礼物，是足球，两个孩子都想要足球，所以他们开始抢足球。这时，小狗看到足球以后非常开心，它也想要足球，所以小狗把足球抢走了，两个孩子很生气，气得火冒三丈，不知道该怎么办才好。퇴근할 때 아빠는 선물 상자 하나를 들고 집에 돌아왔다. 형과 동생은 너무 기뻐서 입을 다물지 못했다. 아이들이 선물을 열어보니 축구공이 있었다. 두 아이는 서로 공을 가지고 싶어서 축구공을 뺏기 시작하였다. 이때 축구공을 본 강아지도 매우 기뻐하며 축구공을 가지고 싶어 했다. 결국 강아지가 축구공을 빼앗아 가버리자 두 아이는

화가 머리끝까지 나서 어찌할 바를 몰랐다.

유형마스터1회 🎵 7-11-1 .... p.142

 → → →

💬모범답안 在办公室里，南南在准备会议资料，因为下午一点要开会。南南打开了电脑，但是没想到电脑坏了，南南很生气，不知道该怎么办才好。南南很着急，所以只好用复印的资料。会议结束以后，南南坐在椅子上，这时他发现电脑没坏，原来是没插电源。사무실에서 남남은 회의 자료를 준비하고 있었다. 1시에 회의가 있기 때문이다. 남남은 컴퓨터를 켰는데 생각지도 못하게 컴퓨터가 고장 나고 말았다. 남남은 매우 화가 났고 어떻게 해야 할지 몰랐다. 그는 너무 초조했고, 할 수 없이 프린트한 자료를 사용하였다. 회의가 끝나고 그는 의자에 앉았다. 이때 남남은 컴퓨터가 고장 난 것이 아니라는 것을 알게 되었다. 알고 보니 전원을 꽂지 않았던 것이다.

유형마스터2회 🎵 7-12-1 .... p.143

 → → →

💬모범답안 今天是星期天，丽丽休息，所以她去百货商店买衣服，她穿着红色的衣服，看上去很漂亮。她在百货商店里看见了一件紫色的衣服，她非常喜欢。丽丽试衣服的时候，有一个外国人进来了，她看见了丽丽的红衣服，她觉得红色的衣服很漂亮。那个外国人以为红色的衣服是卖的，所以她试了一下。然后那个外国人拿着红色的衣服，来到了收银台前边，服务员和丽丽都很吃惊。오늘은 일요일이다. 리리는 쉬는 날이어서 백화점에 옷을 사러 갔다. 그녀는 빨간색 옷을 입고 있었고 아주 예뻤다. 리리는 백화점에서 보라색 옷 하나를 보았고 매우 마음에 들어 했다. 리리가 옷을 입어볼 때 한 외국인이 들어왔다. 그녀는 리리의 빨간색 옷을 보고 아주 예쁘다고 생각했다. 그 외국인은 빨간색 옷이 판매하는 것인 줄 알고 입어본 다음 빨간색 옷을 손에 들고 계산대 앞으로 갔고, 종업원과 리리는 아주 당황했다.

유형마스터3회 🎵 7-13-1 .... p.144

 → → →

💬모범답안 两个女的正在开车，突然一个男的拦住了他们的车，他要搭车，那个男的看上去很凶。两个女的不太情愿，她们有点儿害怕，不过还是让他上了车。突然车坏了，他们都下了车，两个女的很担心，不知道该怎么办才好。这时，那个男的说他会修车，过了一会儿，汽车修

好了，两个女的非常开心，开心得合不上嘴。두 여자가 운전하고 있는데 갑자기 한 남자가 차를 가로막고 차를 얻어 타려고 하였다. 남자는 아주 험상궂어 보였다. 두 여자는 내키지 않았고 조금 두려웠지만, 그가 타도록 내버려 두었다. 그러다 갑자기 차가 고장 났다. 그들은 모두 차에서 내렸고, 두 여자는 너무 걱정스러워 어쩔 줄 몰랐다. 이때 그 남자가 차를 수리할 줄 안다고 하였고 얼마 후에 차는 모두 수리됐다. 두 여자는 아주 기뻐서 입을 다물지 못했다.

유형마스터 4회 7-14-1 .... p.145

 → → →

💬모범답안 今天是星期天，天气非常好，所以丽丽坐在外边，一边看书一边喝咖啡，可是邻居的小狗一直在叫，丽丽很生气。所以她对邻居说小狗太吵了，过了一会儿，小狗安静了。晚上睡觉的时候，小狗又开始叫了，丽丽很生气，气得火冒三丈。丽丽只好起来了，这时她看见小狗抓住了小偷，丽丽吓了一跳。오늘은 일요일이다. 날씨가 매우 좋아서 리리는 밖에 앉아 책을 보면서 커피를 마시고 있었다. 그런데 이웃집의 강아지가 계속 짖어댔고, 리리는 몹시 화가 났다. 그래서 리리는 이웃에게 강아지가 너무 시끄럽다고 말했다. 시간이 좀 지나자 강아지는 조용해졌다. 저녁에 잠잘 때 강아지는 또 짖기 시작하였다. 리리는 머리끝까지 화가 났다. 리리는 할 수 없이 일어났는데, 이때 강아지가 도둑을 붙잡고 있는 것을 발견하고 리리는 깜짝 놀랐다.

유형마스터 5회 7-15-1 .... p.146

 → → →

💬모범답안 今天是星期天，天气非常好，在公园里，南南在散步，孩子们在踢足球。突然足球飞到了树上，孩子们很着急，不知道该怎么办才好。南南想帮孩子们，所以他开始爬树，费了好大的劲儿，终于够到了球，南南把球扔了下来。孩子们很开心，南南也很开心，孩子们想跟南南一起踢足球，所以南南跟孩子们一起踢了一个小时足球。오늘은 일요일이고, 날씨가 매우 좋다. 남남은 공원에서 산책하고 있고, 아이들은 축구를 하고 있다. 그러던 중 갑자기 축구공이 나무 위로 날아가 버렸다. 아이들은 너무 초조해 어떻게 해야 할지 몰랐다. 남남은 아이들을 도와주고 싶어서 나무에 오르기 시작하였다. 한참 동안 애를 쓴 끝에 마침내 남남의 손이 공에 닿았다. 남남은 공을 아래로 던졌다. 아이들은 아주 기뻐했고 남남 역시 기뻤다. 아이들은 남남과 같이 축구하고 싶어하자, 남남은 한 시간 동안 아이들과 함께 축구를 했다.

1. 🔊녹음대본 你跟朋友约好了这个周末一起去公园儿骑自行车。但是天气预报说周末会下雨，请你跟朋友解释一下，并建议去别的地方玩儿。당신은 이번 주말에 친구와 함께 공원에 가서 자전거를 타기로 했는데, 일기예보에서 주말에 비가 온다고 합니다. 친구에게 상황을 설명하고 다른 곳에 놀러 가자고 제안해 보세요.

   💬모범답안 南南，你好！我们本来约了这个周末一起去公园儿骑自信车，但是天气预报说周末会下雨，下雨的话，骑自行车不方便，所以我们去别的地方玩儿吧，我们一起去看电影，怎么样？听说最近上演了一部新电影，很有意思。남남아, 안녕! 우리 이번 주말에 함께 공원에 가서 자전거를 타기로 했는데 일기예보에서 이번 주말에 비가 내린다고 하네. 비가 내리면 자전거 타기 불편하니 우리 다른 곳에 놀러 가자. 영화 보는 게 어때? 요즘 새로운 영화 상영 중인데 아주 재미있다고 들었어.

2. 🔊녹음대본 你要买新车，所以你打算卖掉旧车，请你给卖二手车的地方打电话，问一下价格。당신은 새 차를 사기 위해 중고차를 팔려고 합니다. 중고차 판매하는 곳에 전화하여 가격을 알아보세요.

   💬모범답안 喂，你好，是卖二手车的地方吗？我要买新车，所以打算卖掉我的旧车，我的车是现代的SONATA，大概开了五年，没出过交通事故。另外我的车是白色的，所以不用经常洗车，看上去很干净，我想问一下我的车能卖多少钱？여보세요, 안녕하세요, 중고차 판매하는 곳인가요? 제가 새 차를 사려고 하기 때문에 중고차를 팔려고 합니다. 현대 소나타이고요, 약 5년 운전했는데 교통사고를 낸 적이 없습니다. 그리고 제 차는 하얀색이어서 자주 세차를 하지 않아도 됩니다. 아주 깨끗해 보입니다. 제 차를 얼마에 팔 수 있나요?

3. 🔊녹음대본 你们公司打算招一个新职员，你觉得你的朋友很合适，这时你怎么向你的上司推荐？당신의 회사에서 신입사원 한 명을 채용하려고 하는데, 당신의 친구가 적합한 것 같습니다. 당신은 상사에게 친구를 어떻게 추천 하겠습니까?

   💬모범답안 部长，你好！听说我们公司要招一个新职员，我觉得我的朋友很合适。他性格开朗，又有能力又幽默，他很诚实，做什么事情都非常认真。另外，他在美国留过学，所以他的英语非常好。부장님, 안녕하세요! 우리 회사에서 신입사원 한 명을 뽑는다고 들었습니다. 제 생각엔 제 친구가 적합한 것 같습니다. 그 친구는 성격이 명랑하고 능력도 있고 유머도 있으며, 아주 성실하고 무엇이든 아주 열심히 합니다. 그리고 그는 미국에서 유학한 적이 있어 영어를 아주 잘 합니다.

4. → →  →

💬모범답안 今天是爱人的生日，所以南南去百货商店给爱人买了一件衣服，他想给爱人一个惊喜。南南到家了，爱人还没下班，家里只有女儿一个人。南南进洗手间了，女儿看到了爸爸买的衣服，她觉得很漂亮，所以她穿上了爸爸买的衣服。南南从洗手间出来的时候，看到女儿穿着他给爱人买的衣服，南南很吃惊，不知道该怎么办才好。오늘은 아내의 생일이다. 남남은 백화점에 가서 아내를 위한 옷 한 벌을 샀다. 그는 아내를 놀라게 해주고 싶었다. 남남이 집에 도착했을 때 아내는 아직 퇴근하지 않았고 딸만 집에 있었다. 남남은 화장실에 들어갔다. 딸은 아빠가 산 옷을 보고 아주 예쁘다고 생각해 아빠가 산 옷을 입었다. 남남이 화장실에서 나왔을 때 딸이 아내에게 주려고 산 옷을 입고 있는 것을 보고, 남남은 놀라서 어쩔 줄 몰랐다.

실전테스트 2회 🎧 7-22-1 ⋯⋯⋯⋯⋯ p.149

1. 🎙녹음대본 下星期你去北京出差，因为是第一次去北京，所以你不太了解那里的情况，请你给在北京的同事打电话问一下那里的情况。당신은 다음 주에 베이징으로 출장을 가는데, 베이징을 처음 가는 것이기 때문에 그쪽 상황을 잘 모릅니다. 중국 동료에게 전화해서 물어보세요.

💬모범답안 南南，你好！好久不见，最近过得怎么样？下星期我去北京出差，因为是第一次去北京，所以我不太了解那里的情况，请你给我介绍一下，好吗？最近那里的天气怎么样？我需要带什么东西？남남 씨, 안녕하세요! 오랜만입니다. 요즘 어떻게 지내세요? 저는 다음 주에 베이징으로 출장을 가는데 베이징은 처음 가는 것이기 때문에 그쪽 상황을 잘 모릅니다. 저에게 소개 좀 해주실래요? 요즘 그곳의 날씨는 어떤가요? 제가 어떤 물건을 가지고 가야 하나요?

2. 🎙녹음대본 在办公室里，你的同事穿衣服太随便，请你劝劝他。사무실에서 당신의 동료가 옷을 너무 제멋대로 입습니다. 그를 좀 타일러 보세요.

💬모범답안 南南，在办公室里，你穿衣服太随便了，你的衣服看上去很舒服，但是这里是办公室，不是你家，所以穿衣服的时候要注意点儿，我知道在办公室里坐一天很累，穿皮鞋和西服很不舒服，但是你可以穿休闲服或者比较正式一点儿的衣服。남남 씨, 사무실에서 옷을 너무 편하게 입는 것 같습니다. 당신의 옷은 아주 편해 보이지만 여기는 사무실이고 당신 집이 아니니 옷을 입을 때 좀 주의해야 합니다. 사무실에서 하루 종일 앉아 있는 것이 힘들다는 거 압니다. 구두를 신고 양복을 입으면 아주 불편합니다. 하지만 캐주얼이나 예의를 좀 갖춰서 입으면 됩니다.

3. 🎙녹음대본 暑假你想一个人去旅行，请你给旅行社打电话咨询一下日程安排。여름방학 때 당신은 혼자서 여행하려고 합니다. 여행사에 전화하여 일정을 알아보세요.

💬모범답안 喂，你好！是旅行社吗？我姓李，我叫李英淑。我想去美国西部旅行，只有我一个人，所以我想参团，你们有没有去美国西部旅游的团？一共几天？都去哪些地方？多少钱？여보세요, 안녕하세요! 여행사인가요? 저는 이씨이고 이영숙이라고 합니다. 미국 서부를 여행하려고 하는데 혼자라서 패키지 상품을 찾고 있습니다. 미국 서부 여행상품 있나요? 모두 며칠인가요? 어디어디 가나요? 가격은 얼마인가요?

4.

💬모범답안 今天路上堵车堵得很厉害，所以南南和丽丽来晚了。在电梯前边有很多人，前边的人都上去了，可是南南和丽丽没上去。南南很着急，所以他走上去了，但是丽丽觉得累，所以她在等电梯。南南已经到办公室了，但是丽丽还没到，过了一会儿，丽丽才进来。오늘은 길이 너무 많이 막혀서 남남과 리리는 늦게 왔다. 엘리베이터 앞에는 사람이 아주 많았고 앞에 있는 사람들은 모두 탔는데 남남과 리리는 타지 못했다. 남남은 너무 초조해서 걸어서 올라갔다. 하지만 리리는 힘들어서 엘리베이터를 기다리고 있었다. 남남은 이미 사무실에 도착했으나 리리는 아직 도착하지 않았다. 시간이 조금 지나자 리리가 비로소 들어왔다.

실전테스트 3회 🎧 7-23-1 ⋯⋯⋯⋯⋯ p.151

1. 🎙녹음대본 飞机很长时间也没有起飞，请你向空乘人员询问一下原因。비행기가 오랜 시간 이륙하지 않습니다. 승무원에게 원인을 물어 보세요.

💬모범답안 小姐，你好！已经过了起飞时间，飞机怎么还不起飞啊？我很着急，因为我要参加一个重要会议，麻烦你帮我问一下飞机什么时候能起飞。另外，我想要一杯水和一份报纸，可以吗？麻烦你了。아가씨, 안녕하세요! 이륙 시간이 이미 지났는데 비행기가 왜 아직 이륙하지 않나요? 제가 중요한 회의에 참석해야 하기 때문에 아주 급하거든요. 번거롭지만 언제 이륙할 수 있는지 물어봐 주세요. 그리고 물 한 컵과 신문 한 부 주실 수 있나요? 번거롭게 해드려 죄송합니다.

2. 🎙녹음대본 你的朋友要搬家，请你向你的朋友推荐一下你住的小区。당신의 친구가 이사하려고 합니다. 친구에게 당신이 살고 있는 아파트단지를 추천해 보세요.

💬모범답안 丽丽，你要搬家吗？我觉得我住的小区非常好，生活设施很齐全，小区里有健身房、网球场、篮球场和阅览室。另外，这里交通非常方便，有很多公共汽车站和地铁站，所以上下班很方便。另外，小区附近有小学、中学和大型超市，所以你搬到我们小区吧。리리야, 이사하려고 하니? 내가 살고 있는 아파트단지는 아주 좋고 생활 시설이 모두 구비되어 있어. 단지 내에

헬스클럽, 테니스장, 농구장과 열람실이 있고, 교통도 아주 편리해. 버스정류장과 지하철역이 많아서 출퇴근이 아주 편해. 또한 아파트단지 근처에 초등학교, 중학교와 대형마트도 있으니 우리 아파트단지로 이사 와.

3. 🔊녹음대본 公司的休息室又脏又乱，请你给公司的管理部门打电话说明一下情况。 회사의 휴게실이 더럽고 지저분합니다. 회사 관리부서에 전화하여 상황을 설명해 보세요.

💬모범답안 喂，你好！是管理部门吗？我在人事部工作，叫李敏浩。我们公司的休息室又脏又乱，这是怎么回事儿啊？好像没有人打扫，如果你不忙的话，你过来看一下，好吗？ 여보세요, 안녕하세요! 관리부서인가요? 저는 인사과에서 근무하고 있는 이민호입니다. 우리 회사 휴게실이 더럽고 지저분합니다. 이게 어찌 된 일입니까? 청소하는 사람이 없는 것 같습니다. 시간 있으시면 한 번 와 보실래요?

4.

💬모범답안 早上七点，南南在睡觉，妈妈进来了，妈妈叫南南，可是南南不想起来。所以妈妈把闹钟放在了床上，闹钟一直在响。南南很生气，气得火冒三丈，他把闹钟扔到了外边。房间里安静了，南南很开心。过了一会儿，小狗叼着闹钟进来了，闹钟太吵了，所以南南只好起来了。 아침 7시, 남남은 잠을 자고 있었다. 엄마가 들어와서 남남을 깨웠지만 그는 일어나고 싶지 않았다. 그러자 엄마는 알람시계를 침대 위에 놓았고, 알람시계는 계속해서 울렸다. 남남은 너무 화가 나 알람시계를 밖으로 던졌다. 방 안이 조용해지자 그는 기뻤다. 잠시 후, 강아지가 알람시계를 물고 들어왔다. 알람시계가 너무 시끄러워서 남남은 할 수 없이 일어났다.

실전테스트 4회 🎧7-24-1 .... p.153

1. 🔊녹음대본 你爱人想搬到乡下去住，可是你不想去，这时你怎么说服你爱人？ 당신의 배우자는 시골에 가서 살고 싶어 하는데 당신은 가고 싶지 않습니다. 이때 당신은 어떻게 배우자를 설득할 것인가요?

💬모범답안 亲爱的，你想搬到乡下去住，可是我不太想去，我觉得住在乡下太不方便了。乡下没有大型超市、百货商店、大型医院、公园儿和地铁，所以买东西、看病、出去玩儿和办事时都不方便。另外，在乡下也没有亲戚和朋友，所以会觉得很孤独，我觉得还是住在城市更舒服、更方便。 자기야, 당신은 시골에 가서 살고 싶어 하지만 나는 가고 싶지 않아. 나는 시골에서 사는 것이 불편하다고 생각해. 시골엔 대형마트, 백화점, 대형병원, 공원과 지하철이 없어서 쇼핑하거나 병원에 가거나 놀러 나가거나 볼일이 있을 때 너무 불편해. 그리고 시골에 친

척도 없고 친구도 없기 때문에 외로울 수 있어. 내 생각에는 그래도 도시에서 사는 게 더 편안하고 편리해.

2. 🔊녹음대본 工作的时候，你突然感到肚子疼，跟上司说明一下你的病情。 일할 때 당신의 배가 갑자기 아프기 시작하였습니다. 상사에게 당신의 증상을 설명해 보세요.

💬모범답안 金科长，你好！今天早上出门的时候，我觉得肚子有点儿不舒服，到公司以后肚子疼得更厉害了，可能是昨天吃坏了肚子，所以我想去医院看一看，如果公司里有什么急事的话，你给我打电话吧。 김 과장님, 안녕하세요! 오늘 아침 외출할 때 배가 좀 불편하다고 느꼈는데, 회사에 도착한 다음 배가 더 심하게 아프기 시작하였습니다. 아마 어제 먹은 것이 잘못된 것 같아서 병원에 가봐야겠습니다. 회사에 급한 일이 있으면 저에게 전화해 주세요.

3. 🔊녹음대본 你的同事要请你吃晚饭，但是你有急事去不了，请你委婉地拒绝他。 당신의 동료가 당신에게 저녁식사를 대접하려는데 당신은 급한 일이 있어 갈 수 없습니다. 그에게 완곡하게 거절해 보세요.

💬모범답안 南南，谢谢你请我吃饭，我很想跟你一起去吃饭，但是我的孩子突然生病了，发烧、头疼、嗓子疼，所以我现在得马上回家，真不好意思，希望你理解我，下次有时间的时候，我们再一起吃饭，好吗？ 남남 씨, 저녁 식사에 초대해 주셔서 감사합니다. 저도 당신과 함께 식사하고 싶은데 아이가 갑자기 아파요. 열이 나고 머리가 아프고 목이 아파서 제가 지금 바로 집으로 가야 해요. 정말 미안해요. 이해해 주시길 바랍니다. 다음에 시간 있을 때 다시 같이 식사해요.

4.

💬모범답안 哥哥和妹妹放学了，他们到家以后给妈妈看成绩单，哥哥得了一百分，妹妹得了七十分。吃饭的时候，哥哥因为得了一百分，所以很高兴，但是妹妹得了七十分，所以很不高兴。哥哥因为得了一百分，所以每天看电视，也不学习，但是妹妹每天都非常努力学习。结果，妹妹得了一百分，所以妹妹非常开心，但是哥哥得了七十分，所以哥哥很伤心。 오빠와 여동생은 하교하였다. 그들은 집에 도착하여 엄마에게 성적표를 보여주었다. 오빠는 100점을 맞았고, 여동생은 70점을 맞았다. 식사할 때 오빠는 100점을 맞아서 아주 기뻐했고, 여동생은 70점을 맞아 기분이 좋지 않았다. 오빠는 100점을 맞았기 때문에 매일 텔레비전을 보고 공부를 하지 않았다. 그러나 여동생은 매일 아주 열심히 공부하였다. 결국 여동생은 100점을 맞았다. 그래서 아주 기뻤으나, 오빠는 70점을 맞아 아주 상심하였다.

1. ⑤녹음대본 弟弟每天骑摩托车上班，你觉得很危险，作为姐姐请你劝一下你的弟弟。 남동생은 매일 오토바이를 타고 출근하는데 당신은 위험하다고 생각합니다. 누나로서 남동생을 타일러 보세요.

   ⑩모범답안 亲爱的弟弟，你每天骑摩托车上班，我觉得很危险，而且骑摩托车的话，油费很贵，你为什么不坐地铁呢？坐地铁又便宜又方便又不堵车。我知道你喜欢骑摩托车，你可以在周末休息的时候骑摩托车，上下班的时候就不要骑摩托车了。사랑하는 내 동생, 너는 매일 오토바이를 타고 출근하는데, 내가 생각할 때 너무 위험해. 그리고 오토바이를 타면 기름값도 비싼데 왜 지하철을 타지 않니? 지하철을 타면 싸고 편하고 길도 안 막혀. 네가 오토바이 타기 좋아하는 거 아는데 주말에 쉴 때 타고 출퇴근할 땐 타지 마.

2. ⑤녹음대본 你的朋友开始学习外语了，请你向他介绍一下你学外语的经验。 당신의 친구가 외국어를 배우기 시작하였습니다. 그에게 당신의 외국어 학습 경험을 소개해 보세요.

   ⑩모범답안 丽丽，你好！听说你学习外语了，我来介绍一下我学习外语的经验。我觉得学习外语的时候，要多听、多说、多看、多写。另外，看电影、看电视、跟外国人聊天儿也不错。如果有机会去外国的话更好。리리 씨, 안녕하세요! 외국어를 배운다고 들었어요. 저의 외국어 학습 경험을 소개해 줄게요. 외국어를 배울 땐 많이 듣고 많이 말하고 많이 보고 많이 써야 합니다. 그리고 영화와 TV를 보고 외국 사람과 이야기하는 것도 좋습니다. 기회가 있으면 외국에 가면 더 좋습니다.

3. ⑤녹음대본 你想搬家，请你拜托你的朋友帮你搬家。 당신은 이사를 하려고 합니다. 친구에게 이사를 도와달라고 부탁해 보세요.

   ⑩모범답안 南南，你好！这个周末我想搬家，你有空吗？我找了一个搬家公司，但是整理东西的时候还是需要人帮忙，如果你有空的话，这个周末帮我搬家，好吗？ 남남아, 안녕! 나 이번 주말에 이사하려고 하는데 너 시간 있니? 이삿짐센터를 불렀는데 짐을 정리할 때 일손이 필요하거든. 네가 시간 있으면 이번 주말에 나를 도와 이사 좀 해줄 수 있니?

4. → → →

   ⑩모범답안 南南跟爸爸、妈妈一起整理东西，因为明天他们要去旅游。晚上南南做了一个梦，在梦里他在海边躺着休息。第二天，他们起晚了，所以他们很着急。爸爸急急忙忙上了车，妈妈和南南手里拿着很多东西，他们走到车后边，准备往行李箱里放东西。可是爸爸因为太着急，忘了妈妈和南南，他一个人先开车走了，妈妈和南南很吃惊，不知道该怎么办才好。 남남은 아빠, 엄마와 함께 짐을 정리하고 있었다. 왜냐하면 내일 여행을 가기 때문이다. 저녁에 남남은 꿈을 꾸었고, 꿈속에서 그는 해변에 누워 휴가를 즐기고 있었다. 다음날, 그들은 늦게 일어나서 매우 조급했다. 아빠는 부랴부랴 차에 타 있었고 엄마와 남남은 손에 물건을 많이 들고 차 뒤쪽으로 가서 트렁크에 실으려고 하였다. 그런데 아빠는 너무 급한 나머지 엄마와 남남을 잊고 혼자 출발해 버렸다. 엄마와 남남은 깜짝 놀라 어쩔 줄 몰랐다.

외국어 출판 40년의 신뢰
외국어 전문 출판 그룹
동양북스가 만드는 책은 다릅니다.

40년의 쉼 없는 노력과 도전으로 책 만들기에 최선을 다해온 동양북스는
오늘도 미래의 가치에 투자하고 있습니다.
대한민국의 내일을 생각하는 도전 정신과 믿음으로 최선을 다하겠습니다.

동양북스 추천 교재

일본어 교재의 최강자, 동양북스 추천 교재

회화 코스북

일본어뱅크 다이스키
STEP 1·2·3·4·5·6·7·8

일본어뱅크
New 스타일 일본어 회화
1·2·3

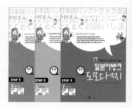

일본어뱅크 도모다찌
STEP 1·2·3

분야서

일본어뱅크
NEW 스타일 일본어 문법

일본어뱅크
일본어 작문 초급

일본어뱅크
사진과 함께하는
일본 문화

일본어뱅크
항공 서비스 일본어

가장 쉬운 독학
일본어 현지회화

수험서

일취월장 JPT
독해·청해

일취월장 JPT
실전 모의고사 500·700

新일본어능력시험
실전적중 문제집 문자·어휘 N1·N2
실전적중 문제집 문법 N1·N2

新일본어능력시험
실전적중 문제집 독해 N1·N2
실전적중 문제집 청해 N1·N2

단어·한자

특허받은
일본어 한자 암기박사

일본어 상용한자 2136
이거 하나면 끝!

일본어뱅크
New 스타일 일본어 한자 1·2

가장 쉬운 독학
일본어 단어장

중국어 교재의 최강자, 동양북스 추천 교재

중국어뱅크 북경대학 한어구어
1·2·3·4·5·6

중국어뱅크 스마트중국어
STEP 1·2·3·4

중국어뱅크 뉴스타일중국어
STEP 1·2

중국어뱅크
문화중국어 1·2

중국어뱅크
관광 중국어 1·2

중국어뱅크
여행 중국어

중국어뱅크
호텔 중국어

중국어뱅크
판매 중국어

중국어뱅크
항공 서비스 중국어

중국어뱅크
의료관광 중국어

정반합 新HSK
1급·2급·3급·4급·5급·6급

버전업! 新HSK 한 권이면 끝
3급·4급·5급·6급

버전업! 新HSK VOCA 5급·6급

가장 쉬운 독학 중국어 단어장

중국어뱅크
중국어 간체자 1000

특허받은
중국어 한자 암기박사

500만 독자가 선택한

가장 쉬운
독학 일본어 첫걸음
14,000원

가장 쉬운
독학 중국어 첫걸음
14,000원

가장 쉬운
독학 베트남어 첫걸음
15,000원

가장 쉬운
독학 스페인어 첫걸음
15,000원

가장 쉬운
독학 프랑스어 첫걸음
16,500원

가장 쉬운
독학 태국어 첫걸음
16,500원

가장 쉬운
프랑스어 첫걸음의 모든 것
17,000원

가장 쉬운
독일어 첫걸음의 모든 것
18,000원

가장 쉬운
스페인어 첫걸음의 모든 것
14,500원

첫걸음 베스트 1위!

www.dongyangbooks.com
m.dongyangbooks.com

가장 쉬운 러시아어
첫걸음의 모든 것
16,000원

가장 쉬운 이탈리아어
첫걸음의 모든 것
17,500원

가장 쉬운 포르투갈어
첫걸음의 모든 것
18,000원

버전업! 가장 쉬운
베트남어 첫걸음
16,000원

가장 쉬운 터키어
첫걸음의 모든 것
16,500원

버전업! 가장 쉬운
아랍어 첫걸음
18,500원

가장 쉬운 인도네시아어
첫걸음의 모든 것
18,500원

버전업! 가장 쉬운
태국어 첫걸음
16,800원

가장 쉬운 영어
첫걸음의 모든 것
16,500원

버전업! 굿모닝
독학 일본어 첫걸음
14,500원

가장 쉬운 중국어
첫걸음의 모든 것
14,500원

가장 쉬운 독학
중국어 첫걸음

가장 쉬운 독학
일본어 첫걸음

오늘부터는 팟캐스트로 공부하자!

팟캐스트 무료 음성 강의

▶▶ 1
iOS 사용자
Podcast 앱에서
'동양북스' 검색

▶▶ 2
안드로이드 사용자
플레이스토어에서 '팟빵' 등
팟캐스트 앱 다운로드,
다운받은 앱에서
'동양북스' 검색

▶▶ 3
PC에서
팟빵(www.podbbang.com)에서
'동양북스' 검색
애플 iTunes 프로그램에서
'동양북스' 검색

◉ **현재 서비스 중인 강의 목록** (팟캐스트 강의는 수시로 업데이트 됩니다.)

- 가장 쉬운 독학 일본어 첫걸음
- 페이의 적재적소 중국어
- 가장 쉬운 독학 중국어 첫걸음
- 중국어 한글로 시작해
- 가장 쉬운 독학 베트남어 첫걸음

매일 매일 업데이트 되는 동양북스 SNS! 동양북스의 새로운 소식과 다양한 정보를 만나보세요.

 blog.naver.com/dymg98  instagram.com/dybooks facebook.com/dybooks twitter.com/dy_books

일단 합격하고 오겠습니다

TSC

TEST OF SPOKEN CHINESE

실전문제집

저자 이명순

모의고사

 동양북스

일단 **합격**하고 오겠습니다

TSC
TEST OF SPOKEN CHINESE
실전문제집 [모의고사]

초판 인쇄 | 2018년 12월 5일
초판 발행 | 2018년 12월 10일

지은이 | 이명순
발행인 | 김태웅
편집장 | 강석기
책임편집 | 김다정
디자인 | 방혜자, 김효정, 서진희, 강은비
마케팅 총괄 | 나재승
마케팅 | 서재욱, 김귀찬, 오승수, 조경현, 양수아, 김성준
온라인 마케팅 | 김철영, 양윤모
제 작 | 현대순
총 무 | 김진영, 안서현, 최여진, 강아담
관 리 | 김훈희, 이국희, 김승훈

발행처 | (주)동양북스
등 록 | 제 2014-000055호(2014년 2월 7일)
주 소 | 서울시 마포구 동교로22길 12 (04030)
전 화 | (02)337-1737
팩 스 | (02)334-6624

http://www.dongyangbooks.com

ISBN 979-11-5768-453-3 13720

이 도서의 국립중앙도서관 출판예정도서목록(CIP)은 서지정보유통지원시스템 홈페이지(http://seoji.nl.go.kr)와
국가자료공동목록시스템(http://www.nl.go.kr/kolisnet)에서 이용하실 수 있습니다.
(CIP제어번호:CIP2018034926)

목차 ≫

제1회
모의고사
>>

TSC

TSC 중국어 말하기 시험
Test of Spoken chinese

在这部分试题中，你将听到四个简单的问句。请听到提示音之后开始回答。每道题的回答时间是10秒。

下面开始提问。

 问题 1　你叫什么名字？

提示音　　　　　（10秒）　　　　　结束。

问题 2　请说出你的出生年月日。

提示音　　　　　（10秒）　　　　　结束。

问题 3　你家有几口人？

提示音　　　　　（10秒）　　　　　结束。

问题 4　你在什么地方工作？或者你在哪个学校上学？

提示音　　　　　（10秒）　　　　　结束。

在这部分试题中，你将看到提示图，请看图回答下列问题。请听到
提示音之后，准确地回答出来。每道题的回答时间是6秒。
下面开始提问。

问题 1

（3秒） 提示音　　　　　　　（6秒）　　　　　　　 结束。

남은 시간

问题 2

150元

（3秒）　提示音　　　　（6秒）　　　　　结束。

남은 시간

问题 3

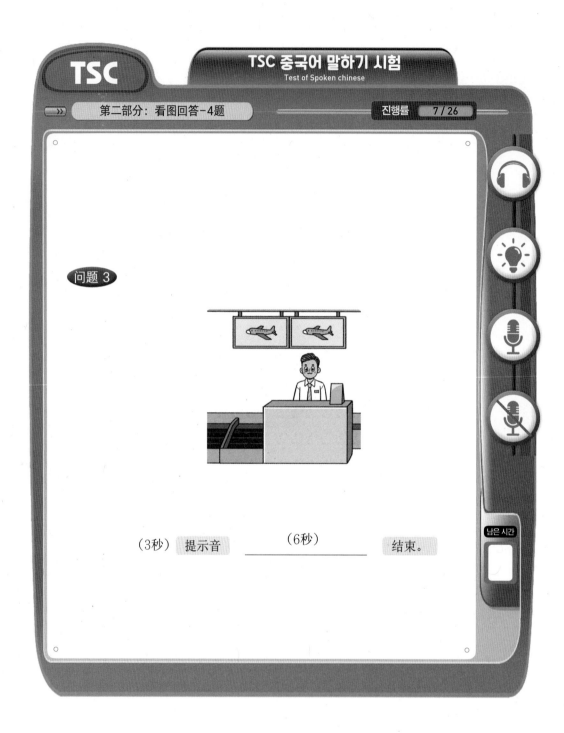

（3秒） 提示音 _____（6秒）_____ 结束。

남은 시간

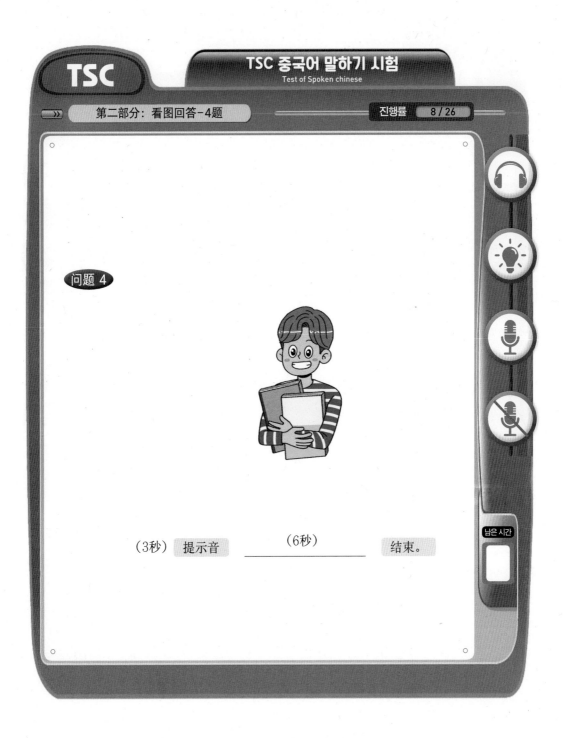

问题 4

(3秒) 提示音 (6秒) 结束。

남은 시간

第三部分：快速回答-5题   진행률

在这部分试题中，你需要完成五段简单的对话。这些对话出自不同的日常生活情景，在每段对话前，你将看到提示图。请尽量用完整的句子来回答，句子的长短和用词将影响你的分数。请听例句。

问题 ：老张在吗?

回答 1：不在。

回答 2：他现在不在，您有什么事儿吗?
　　　　要给他留言吗?

两种回答都可以，但第二种回答更完整更详细，你将得到较高的分数。请听到提示音之后开始回答问题。每道题的回答时间是15秒。下面开始提问。

남은 시간

问题 1

(2秒)　提示音　　　　　（15秒）　　　　　　结束。

남은 시간

问题 2

（2秒）　提示音　　　　　（15秒）　　　　　　结束。

第四部分：简短回答-5题

在这部分试题中，你将听到五个问题。请尽量用完整的句子来回答，句子的长短和用词将影响你的分数。

请听例句。

问题　：上下班的时候，你坐地铁还是自己开车？

回答 1：我每天坐地铁上班，坐地铁不堵车。

回答 2：我每天坐地铁上班，坐地铁不堵车，而且很便宜，在地铁里可以看书，还可以听音乐，非常方便，所以我常常坐地铁上下班。

两种回答都可以，但第二种回答更完整更详细，你将得到较高的分数。请听到提示音之后开始回答问题。每道题请你用15秒思考，回答时间是25秒。

下面开始提问。

问题 1 你喜欢什么运动?

(15秒) 提示音 _____(25秒)_____ 结束。

问题 3　你最尊敬的人是谁?

（15秒）　提示音　　　　　（25秒）　　　　　结束。

问题 5　有人说每顿少吃对身体好，你同意这种观点吗？

(15秒)　提示音　　　　　(25秒)　　　　　结束。

第五部分：拓展回答-4题　　　　　　　　　진행률

在这部分试题中，你将听到四个问题，请发表一下你的观点和看法，请尽量用完整的句子来回答，句子的长短和用词将影响你的分数。请听例句。

问题　：你怎么看待减肥?

回答 1：我觉得减肥不太好。

回答 2：我认为减肥是件好事，不但可以使身体更健康，而且还能让自己看起来更漂亮。减肥还要注意选择适当的方法，比如通过适当的运动和调整饮食来达到减肥的目的。

两种回答都可以，但第二种回答更完整更详细，你将得到较高的分数。请听到提示音之后开始回答问题。每道题请你用30秒思考，回答时间是50秒。

下面开始提问。

남은 시간

问题 1　跟过去相比，现在读书的人越来越少了，对此请谈谈你的看法。

（30秒）　提示音　　　（50秒）　　　结束。

问题 2　你觉得你们国家的教育费高吗？请谈谈你的看法。

（30秒）　提示音　　　　（50秒）　　　　　　结束。

问题 3　你对利用公共交通工具有什么看法？

（30秒）　提示音　　　　（50秒）　　　　结束。

问题 4　孩子早期学习外语是否必要?

(30秒)　提示音　　　(50秒)　　　结束。

在这部分试题中，你将看到提示图，同时还将听到中文的情景叙述。假设你处于这种情况之下，你将如何应对。请尽量用完整的句子来回答，句子的长短和用词将影响你的分数。请听到提示音之后开始回答问题。每道题请你用30秒思考，回答时间是40秒。

下面开始提问。

问题 1

你在超市买了一瓶牛奶，可是回家以后发现牛奶过期了，请你去超市说明一下情况，并要求解决。

（30秒）　提示音　　　（40秒）　　　结束。

问题 2

你的朋友看上去很累，请你劝你的朋友运动吧。

（30秒）　提示音　　　　（40秒）　　　　结束。

问题 3

你不在家的时候，有人要送东西，请你给附近的朋友打电话帮你接一下东西。

（30秒） 提示音 _____ （40秒） 结束。

在这部分试题中，你将看到四幅连续的图片。请你根据图片的内容讲述一个完整的故事。请认真看下列四幅图。（30秒）

①

②

③

④

问题　现在请根据图片的内容讲述一个故事，请尽量完整、详细。讲述时间是90秒。
请听到提示音之后开始回答。

（30秒）提示音 ＿＿＿＿＿＿＿＿（90秒）　结束。

남은 시간

考试结束。

最后，如果您对我们的考试有什么感想的话，请说出来。

请听到提示音之后开始发言。发言时间是30秒。

（2秒）　提示音　　　　（30秒）　　　　　结束。

谢谢您参加我们的考试！

제2회
모의고사

≫

TSC

TSC 중국어 말하기 시험
Test of Spoken chinese

第一部分：自我介绍-4题

在这部分试题中，你将听到四个简单的问句。请听到提示音之后开始回答。每道题的回答时间是10秒。
下面开始提问。

问题 1   你叫什么名字？

提示音　　　（10秒）　　　结束。

问题 2   请说出你的出生年月日。

提示音　　　（10秒）　　　结束。

问题 3   你家有几口人？

提示音　　　（10秒）　　　结束。

问题 4   你在什么地方工作？或者你在哪个学校上学？

提示音　　　（10秒）　　　结束。

在这部分试题中，你将看到提示图，请看图回答下列问题。请听到提示音之后，准确地回答出来。每道题的回答时间是6秒。
下面开始提问。

问题 1

(3秒)　提示音　　　　（6秒）　　　　　结束。

남은 시간

问题 2

（3秒）　提示音　　　　　（6秒）　　　　　　结束。

问题 3

(3秒) 提示音 _____ (6秒) 结束。

남은 시간

第二部分: 看图回答-4题

问题 4

（3秒） 提示音 _____（6秒）_____ 结束。

在这部分试题中，你需要完成五段简单的对话。这些对话出自不同的日常生活情景，在每段对话前，你将看到提示图。请尽量用完整的句子来回答，句子的长短和用词将影响你的分数。请听例句。

问题　：老张在吗？

回答 1：不在。

回答 2：他现在不在，您有什么事儿吗？
　　　　要给他留言吗？

两种回答都可以，但第二种回答更完整更详细，你将得到较高的分数。请听到提示音之后开始回答问题。每道题的回答时间是15秒。下面开始提问。

남은 시간

问题 1

(2秒)　提示音　　　　(15秒)　　　　结束。

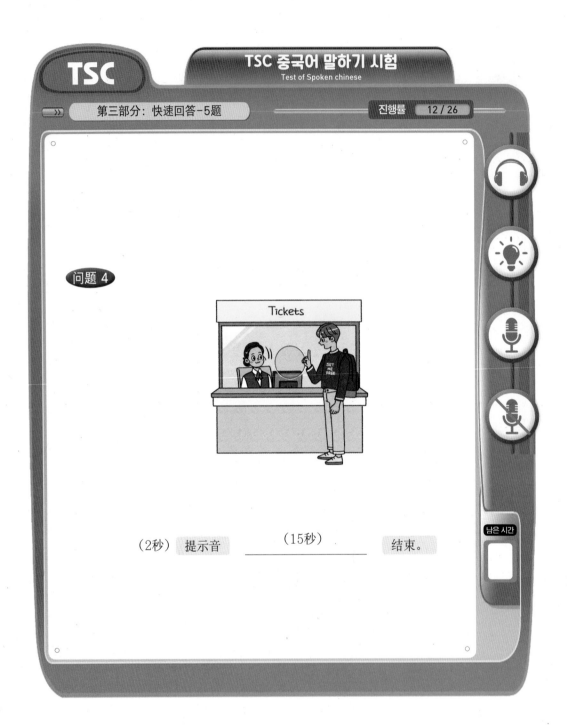

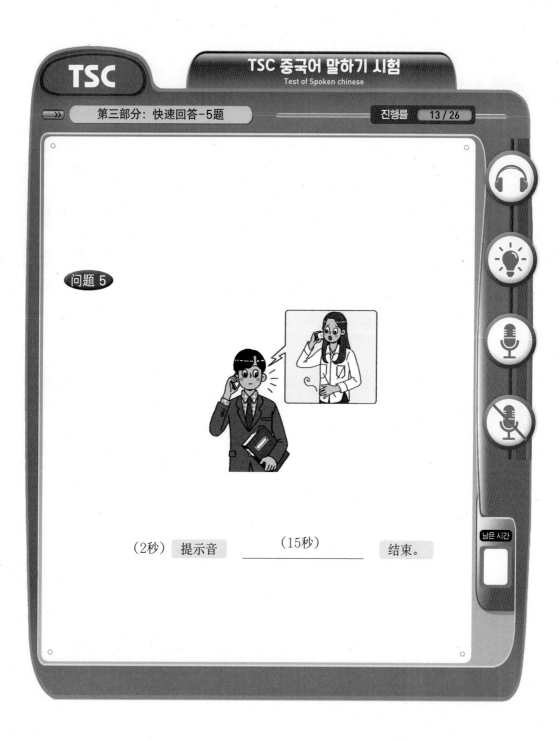

问题 5

(2秒)　提示音　　　　　(15秒)　　　　结束。

第四部分：简短回答-5题

진행률

在这部分试题中，你将听到五个问题。请尽量用完整的句子来回答，句子的长短和用词将影响你的分数。

请听例句。

问题　：上下班的时候，你坐地铁还是自己开车?

回答1：我每天坐地铁上班，坐地铁不堵车。

回答2：我每天坐地铁上班，坐地铁不堵车，而且很便宜，在地铁里可以看书，还可以听音乐，非常方便，所以我常常坐地铁上下班。

两种回答都可以，但第二种回答更完整更详细，你将得到较高的分数。请听到提示音之后开始回答问题。每道题请你用15秒思考，回答时间是25秒。

下面开始提问。

남은 시간

问题 1 你常去图书馆吗?

(15秒) 提示音 _____(25秒)_____ 结束。

问题 3　参加工作以后你的生活有哪些变化？

（15秒）　提示音　　　（25秒）　　　　结束。

남은 시간

问题 5　在你们国家最适合旅游的季节是哪个季节？

(15秒)　提示音　　　　(25秒)　　　　结束。

在这部分试题中，你将听到四个问题，请发表一下你的观点和看法，请尽量用完整的句子来回答，句子的长短和用词将影响你的分数。

请听例句。

问题　：你怎么看待减肥?

回答1：我觉得减肥不太好。

回答2：我认为减肥是件好事，不但可以使身体更健康，而且还能让自己看起来更漂亮。减肥还要注意选择适当的方法，比如通过适当的运动和调整饮食来达到减肥的目的。

两种回答都可以，但第二种回答更完整更详细，你将得到较高的分数。请听到提示音之后开始回答问题。每道题请你用30秒思考，回答时间是50秒。

下面开始提问。

问题 1 你觉得晚年生活什么最重要？

（30秒） 提示音 ＿＿＿＿＿＿＿（50秒） 结束。

남은 시간

问题 3　　你认为兴趣爱好跟缓解压力有关系吗？

（30秒）　提示音　　　　　（50秒）　　　　　结束。

남은 시간

问题 4　如果买彩票中奖的话，你会把这笔钱存起来还是用在投资上？

（30秒）提示音 _____（50秒）_____ 结束。

남은 시간

在这部分试题中，你将看到提示图，同时还将听到中文的情景叙述。假设你处于这种情况之下，你将如何应对。请尽量用完整的句子来回答，句子的长短和用词将影响你的分数。请听到提示音之后开始回答问题。每道题请你用30秒思考，回答时间是40秒。
下面开始提问。

问题 1

你正在海外出差，请你给你的爸爸打电话，祝贺他的生日。

（30秒） 提示音 　　　　　（40秒）　　　　结束。

问题 2

你本来明天要去出差，但是现在你身体不舒服，拜托你的同事替你去出差。

（30秒）　提示音　　　　（40秒）　　　　　结束。

问题 3

在去见朋友的路上，你遇到了一个迷路的外国人，为了帮助那个外国人，你可能不能准时到达约会地点，请打电话跟朋友说明一下情况。

(30秒)　提示音　　　　(40秒)　　　　结束。

남은 시간

在这部分试题中，你将看到四幅连续的图片。请你根据图片的内容
讲述一个完整的故事。请认真看下列四幅图。（30秒）

①    ②

③    ④

问题   现在请根据图片的内容讲述一个故事，请尽量完
整、详细。讲述时间是90秒。
请听到提示音之后开始回答。

（30秒） 提示音   (90秒)   结束。

남은 시간

考试结束。

最后，如果您对我们的考试有什么感想的话，请说出来。

请听到提示音之后开始发言。发言时间是30秒。

(2秒)　提示音　　　　　(30秒)　　　　　结束。

谢谢您参加我们的考试！

제3회
모의고사
>>

TSC 중국어 말하기 시험
Test of Spoken chinese

第一部分：自我介绍-4题　　　　　　　진행률　1~4 / 26

在这部分试题中，你将听到四个简单的问句。请听到提示音之后开始回答。每道题的回答时间是10秒。

下面开始提问。

问题 1　你叫什么名字？

提示音　_____(10秒)_____　结束。

问题 2　请说出你的出生年月日。

提示音　_____(10秒)_____　结束。

问题 3　你家有几口人？

提示音　_____(10秒)_____　结束。

问题 4　你在什么地方工作？或者你在哪个学校上学？

提示音　_____(10秒)_____　结束。

남은 시간

在这部分试题中，你将看到提示图，请看图回答下列问题。请听到提示音之后，准确地回答出来。每道题的回答时间是6秒。
下面开始提问。

问题 1

（3秒）　提示音　　　　　（6秒）　　　　　结束。

남은 시간

问题 2

（3秒）　提示音　　　　　　（6秒）　　　　　　　结束。

问题 3

（3秒） 提示音   （6秒）   结束。

남은 시간

TSC

问题 4

（3秒） 提示音 _____（6秒）_____ 结束。

남은 시간

第三部分：快速回答-5题　　　　　　　　진행률

在这部分试题中，你需要完成五段简单的对话。这些对话出自不同的日常生活情景，在每段对话前，你将看到提示图。请尽量用完整的句子来回答，句子的长短和用词将影响你的分数。请听例句。

问题　：老张在吗?
回答1：不在。
回答2：他现在不在，您有什么事儿吗?
　　　　要给他留言吗?

两种回答都可以，但第二种回答更完整更详细，你将得到较高的分数。请听到提示音之后开始回答问题。每道题的回答时间是15秒。下面开始提问。

남은 시간

问题 1

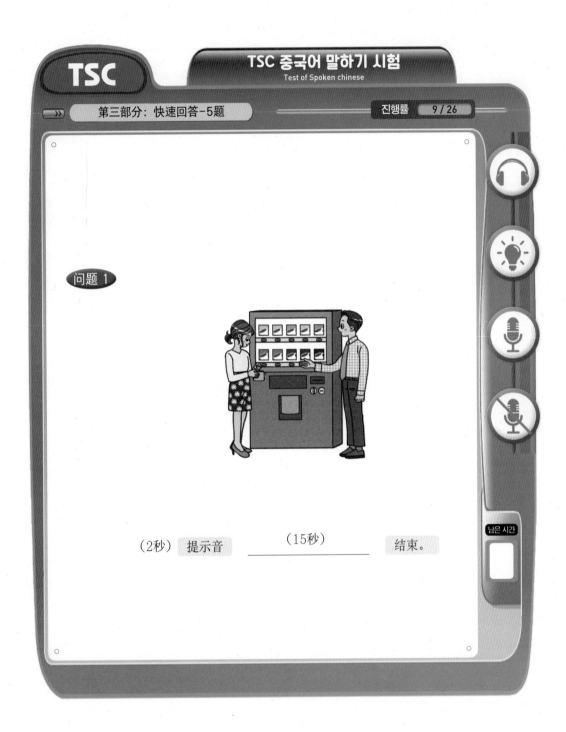

（2秒）　提示音　　　　（15秒）　　　　结束。

问题 2

（2秒）　提示音　　　　（15秒）　　　　　结束。

问题 3

（2秒）　提示音　　　　　（15秒）　　　　　结束。

问题 4

(2秒) 提示音 _____（15秒）_____ 结束。

问题 5

(2秒) 提示音   (15秒)   结束。

第四部分：简短回答-5题　　　　　　　　　　　진행률

在这部分试题中，你将听到五个问题。请尽量用完整的句子来回答，句子的长短和用词将影响你的分数。

请听例句。

问题　：上下班的时候，你坐地铁还是自己开车？

回答 1：我每天坐地铁上班，坐地铁不堵车。

回答 2：我每天坐地铁上班，坐地铁不堵车，而且很便宜，在地铁里可以看书，还可以听音乐，非常方便，所以我常常坐地铁上下班。

两种回答都可以，但第二种回答更完整更详细，你将得到较高的分数。请听到提示音之后开始回答问题。每道题请你用15秒思考，回答时间是25秒。

下面开始提问。

남은 시간

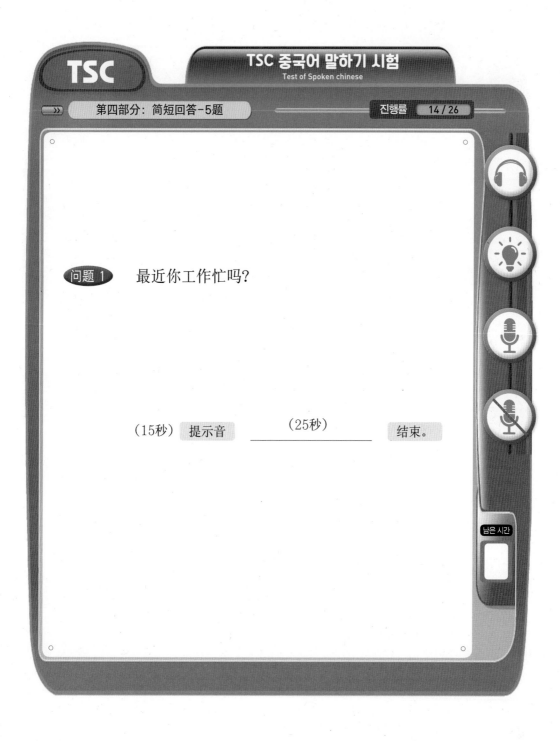

问题 1　　最近你工作忙吗?

（15秒）　提示音　　　　（25秒）　　　　　　结束。

问题 2   晚饭你主要吃什么?

(15秒) 提示音   (25秒)   结束。

第四部分 : 简短回答-5题

진행률

问题 3   你更喜欢喝咖啡还是茶?

(15秒)   提示音   (25秒)   结束。

남은 시간

问题 4　你经常拍照吗？

（15秒）　提示音　　　　（25秒）　　　　　结束。

问题 5   现代社会，穿着打扮显得非常重要，平时你喜欢
穿什么样的衣服？

(15秒) 提示音   (25秒)   结束。

남은 시간

在这部分试题中，你将听到四个问题，请发表一下你的观点和看法，请尽量用完整的句子来回答，句子的长短和用词将影响你的分数。

请听例句。

问题 ：你怎么看待减肥?

回答 1：我觉得减肥不太好。

回答 2：我认为减肥是件好事，不但可以使身体更健康，而且还能让自己看起来更漂亮。减肥还要注意选择适当的方法，比如通过适当的运动和调整饮食来达到减肥的目的。

两种回答都可以，但第二种回答更完整更详细，你将得到较高的分数。请听到提示音之后开始回答问题。每道题请你用30秒思考，回答时间是50秒。

下面开始提问。

问题 1　　如果你是老板的话，你会改善哪些福利待遇？

（30秒）　提示音　　　（50秒）　　　结束。

问题 2　现在很多年轻夫妇让爷爷、奶奶照顾孩子，对此你有什么看法？

（30秒）　提示音　　　（50秒）　　　结束。

남은 시간

问题 3 你们公司招聘新职员的时候，重视电脑水平吗?
为什么?

（30秒） 提示音 _____（50秒）_____ 结束。

问题 4   结婚的时候，一定要举行婚礼吗?

（30秒） 提示音   （50秒）   结束。

在这部分试题中，你将看到提示图，同时还将听到中文的情景叙述。假设你处于这种情况之下，你将如何应对。请尽量用完整的句子来回答，句子的长短和用词将影响你的分数。请听到提示音之后开始回答问题。每道题请你用30秒思考，回答时间是40秒。

下面开始提问。

问题 1

你开着跟朋友借的车去旅行，不小心在路上发生了交通事故，请你给朋友打电话，跟他说明一下情况。

（30秒）　提示音　　　　（40秒）　　　　结束。

问题 2

你在干洗店洗的衣服被洗坏了，请你去干洗店说明一下情
况，并解决一下这个问题。

（30秒）　提示音　　　　（40秒）　　　　结束。

问题 3

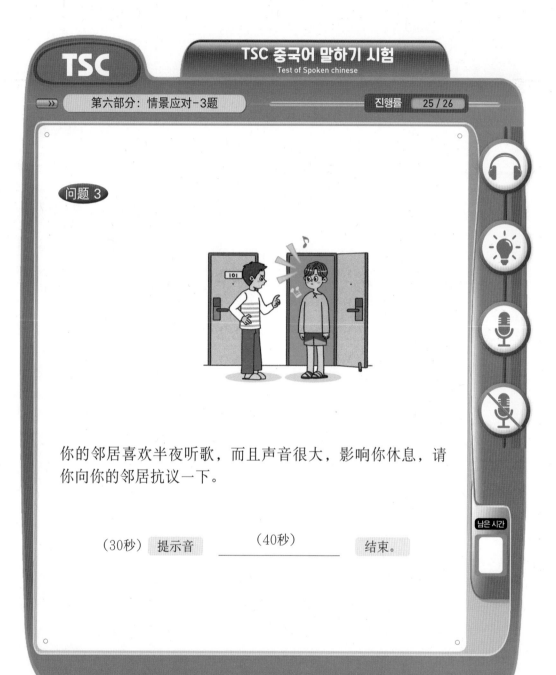

你的邻居喜欢半夜听歌，而且声音很大，影响你休息，请你向你的邻居抗议一下。

（30秒） 提示音 　　（40秒）　　 结束。

남은 시간

在这部分试题中，你将看到四幅连续的图片。请你根据图片的内容
讲述一个完整的故事。请认真看下列四幅图。（30秒）

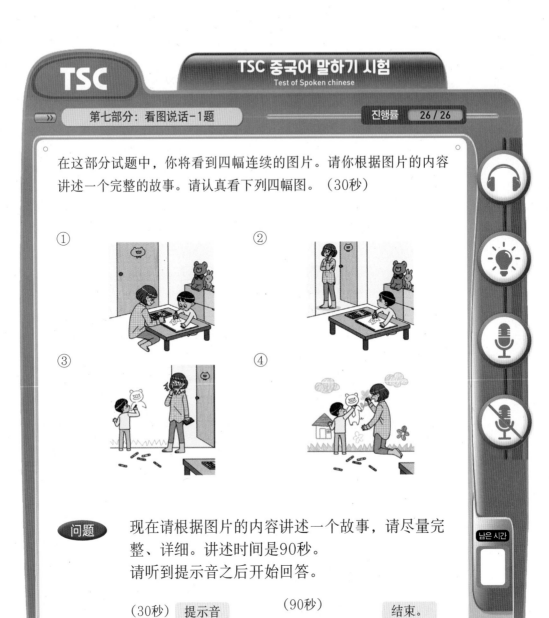

问题   现在请根据图片的内容讲述一个故事，请尽量完
整、详细。讲述时间是90秒。
请听到提示音之后开始回答。

（30秒） 提示音   （90秒）   结束。

남은 시간

考试结束。
最后，如果您对我们的考试有什么感想的话，请说出来。
请听到提示音之后开始发言。发言时间是30秒。

（2秒） 提示音 _____（30秒）_____ 结束。

谢谢您参加我们的考试！

제4회
모의고사

»

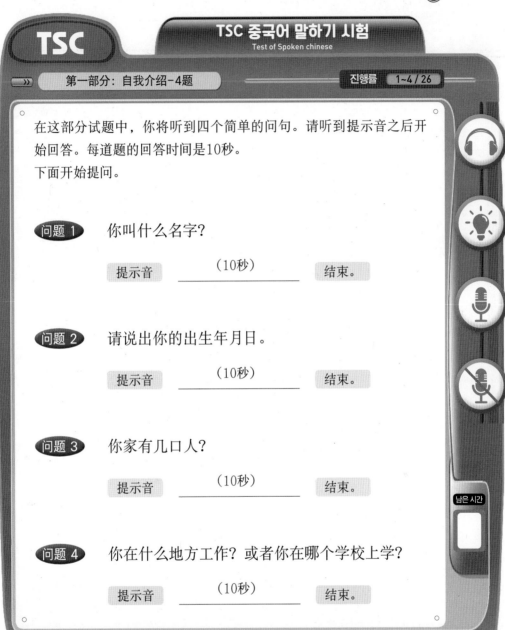

在这部分试题中，你将看到提示图，请看图回答下列问题。请听到
提示音之后，准确地回答出来。每道题的回答时间是6秒。
下面开始提问。

问题 1

（3秒）提示音　　　　（6秒）　　　　　结束。

남은 시간

问题 2

（3秒）   提示音   （6秒）   结束。

남은 시간

问题 3

（3秒）　提示音　　　　　（6秒）　　　　　结束。

남은 시간

问题 4

（3秒）　提示音　　　　　（6秒）　　　　　结束。

第三部分：快速回答-5题　　　　　　　　　　　　진행률

在这部分试题中，你需要完成五段简单的对话。这些对话出自不同的日常生活情景，在每段对话前，你将看到提示图。请尽量用完整的句子来回答，句子的长短和用词将影响你的分数。请听例句。

问题　　：老张在吗?
回答 1：不在。
回答 2：他现在不在，您有什么事儿吗?
　　　　 要给他留言吗?

两种回答都可以，但第二种回答更完整更详细，你将得到较高的分数。请听到提示音之后开始回答问题。每道题的回答时间是15秒。下面开始提问。

남은 시간

问题 1

（2秒）　提示音　_____（15秒）_____　结束。

问题 2

（2秒） 提示音 _____（15秒）_____ 结束。

남은 시간

问题 3

(2秒)　提示音　＿＿＿＿＿＿＿（15秒）＿＿＿＿＿＿＿　结束。

问题 4

（2秒） 提示音 _____（15秒） 结束。

第四部分：简短回答-5题　　　　　　　　　　进行률

在这部分试题中，你将听到五个问题。请尽量用完整的句子来回答，句子的长短和用词将影响你的分数。

请听例句。

问题　：上下班的时候，你坐地铁还是自己开车?

回答1：我每天坐地铁上班，坐地铁不堵车。

回答2：我每天坐地铁上班，坐地铁不堵车，而且很便宜，在地铁里可以看书，还可以听音乐，非常方便，所以我常常坐地铁上下班。

两种回答都可以，但第二种回答更完整更详细，你将得到较高的分数。请听到提示音之后开始回答问题。每道题请你用15秒思考，回答时间是25秒。

下面开始提问。

남은 시간

问题 1　工作的时候，你每天使用几个小时电脑？

(15秒)　提示音　　　(25秒)　　　　结束。

남은 시간

问题 2　　你们部门气氛怎么样?

(15秒)　提示音　　　(25秒)　　　　结束。

问题 3   如果有想看的书的话，你会跟朋友借还是买？

(15秒)   提示音   (25秒)   结束。

问题 4   第一次出差的时候，你感觉怎么样？

(15秒) 提示音   (25秒)   结束。

问题 5　　买东西的时候，你喜欢用现金还是刷卡？

（15秒）　提示音　　　　（25秒）　　　　结束。

第五部分：拓展回答-4题

在这部分试题中，你将听到四个问题，请发表一下你的观点和看法，请尽量用完整的句子来回答，句子的长短和用词将影响你的分数。

请听例句。

问题 ：你怎么看待减肥？

回答 1：我觉得减肥不太好。

回答 2：我认为减肥是件好事，不但可以使身体更健康，而且还能让自己看起来更漂亮。减肥还要注意选择适当的方法，比如通过适当的运动和调整饮食来达到减肥的目的。

两种回答都可以，但第二种回答更完整更详细，你将得到较高的分数。请听到提示音之后开始回答问题。每道题请你用30秒思考，回答时间是50秒。

下面开始提问。

남은 시간

问题 1　出众的外貌和卓越的才能当中，选择一个的话，
　　　　你选择哪个？

（30秒）　提示音　　　　　（50秒）　　　　　结束。

南은 시간

问题 2　如果给你的报酬高的话，你会去别的公司吗？

（30秒）　提示音　　　　（50秒）　　　　结束。

남은 시간

问题 3　除了跟现在的工作有关的知识以外，你还想学哪方面的学问？

(30秒)　提示音　　　　　(50秒)　　　　　结束。

남은 시간

问题 4　有人说因为看电视，家人之间的对话越来越少了，你怎么看待这一问题？

（30秒）　提示音　　　　　　（50秒）　　　　　结束。

남은 시간

在这部分试题中，你将看到提示图，同时还将听到中文的情景叙述。假设你处于这种情况之下，你将如何应对。请尽量用完整的句子来回答，句子的长短和用词将影响你的分数。请听到提示音之后开始回答问题。每道题请你用30秒思考，回答时间是40秒。
下面开始提问。

问题 1

你的同事晋升了，请你祝贺他。

（30秒） 提示音   （40秒）   结束。

问题 2

上中学的弟弟，放假的时候整天在家里看电视，什么都不做，作为姐姐，请你劝劝他。

(30秒)　提示音　　　(40秒)　　　结束。

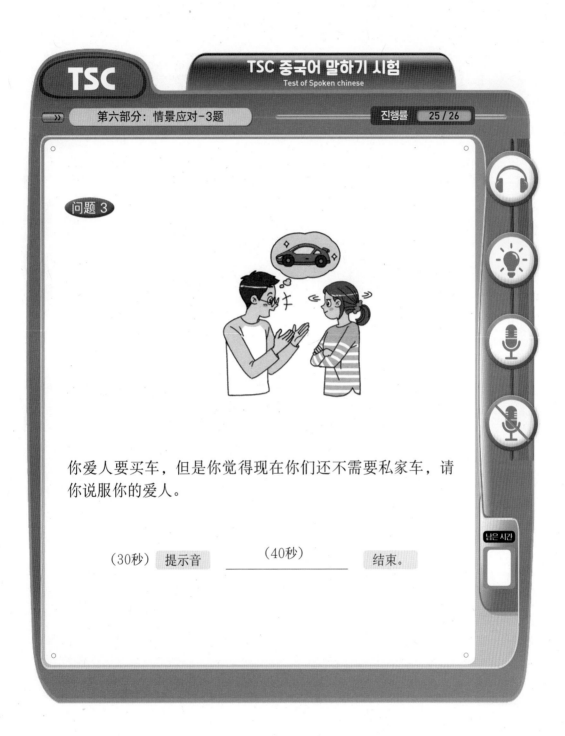

问题 3

你爱人要买车，但是你觉得现在你们还不需要私家车，请你说服你的爱人。

（30秒）　提示音　　　（40秒）　　　　结束。

在这部分试题中，你将看到四幅连续的图片。请你根据图片的内容
讲述一个完整的故事。请认真看下列四幅图。（30秒）

①

②

③

④

问题　现在请根据图片的内容讲述一个故事，请尽量完
整、详细。讲述时间是90秒。
请听到提示音之后开始回答。

（30秒）　提示音　_____（90秒）_____　结束。

남은 시간

考试结束。
最后，如果您对我们的考试有什么感想的话，请说出来。
请听到提示音之后开始发言。发言时间是30秒。

（2秒） 提示音 （30秒） 结束。

谢谢您参加我们的考试！

제5회
모의고사
>>

TSC

TSC 중국어 말하기 시험
Test of Spoken chinese

在这部分试题中，你将听到四个简单的问句。请听到提示音之后开始回答。每道题的回答时间是10秒。

下面开始提问。

 问题 1   你叫什么名字？

提示音   ____(10秒)____   结束。

问题 2   请说出你的出生年月日。

提示音   ____(10秒)____   结束。

问题 3   你家有几口人？

提示音   ____(10秒)____   结束。

问题 4   你在什么地方工作？或者你在哪个学校上学？

提示音   ____(10秒)____   结束。

남은 시간

在这部分试题中，你将看到提示图，请看图回答下列问题。请听到提示音之后，准确地回答出来。每道题的回答时间是6秒。
下面开始提问。

问题 1

（3秒）　提示音　　　　　（6秒）　　　　　结束。

남은 시간

问题 2

（3秒） 提示音 _____ （6秒） 结束。

남은 시간

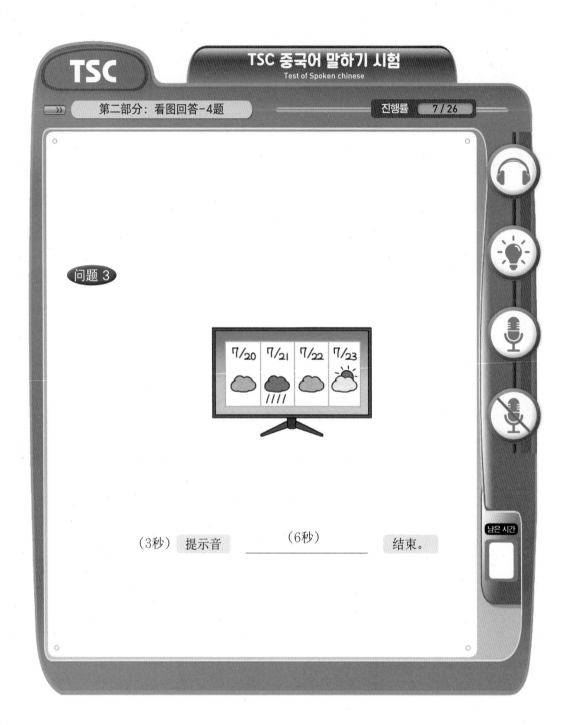

120 I 일단 합격하고 오겠습니다 TSC 실전문제집

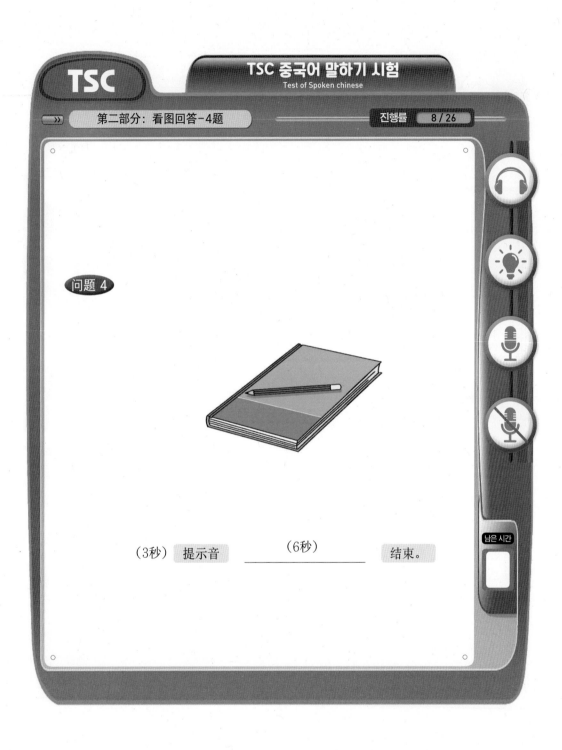

问题 4

(3秒)　提示音　　　　　(6秒)　　　　　结束。

TSC 中국어 말하기 시험

Test of Spoken chinese

第三部分：快速回答-5题　　　　　　　　　　진행률

在这部分试题中，你需要完成五段简单的对话。这些对话出自不同
的日常生活情景，在每段对话前，你将看到提示图。请尽量用完整
的句子来回答，句子的长短和用词将影响你的分数。请听例句。

问题　：老张在吗?

回答 1：不在。

回答 2：他现在不在，您有什么事儿吗?
　　　　要给他留言吗?

两种回答都可以，但第二种回答更完整更详细，你将得到较高的分
数。请听到提示音之后开始回答问题。每道题的回答时间是15秒。
下面开始提问。

122 | 일단 합격하고 오겠습니다 TSC 실전문제집

问题 1

（2秒）提示音　　　（15秒）　　　结束。

问题 2

（2秒） 提示音 _____（15秒）_____ 结束。

남은 시간

问题 3

(2秒)　提示音　　　　(15秒)　　　　结束。

问题 4

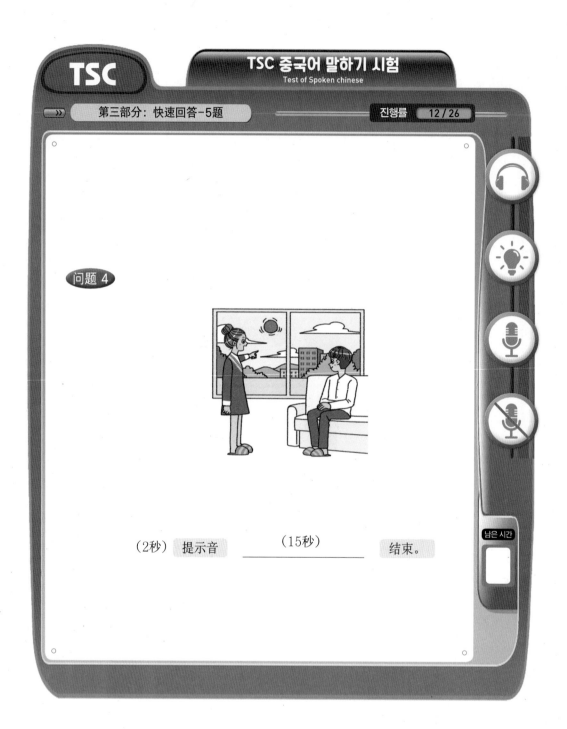

(2秒) 提示音 _____(15秒)_____ 结束。

남은 시간

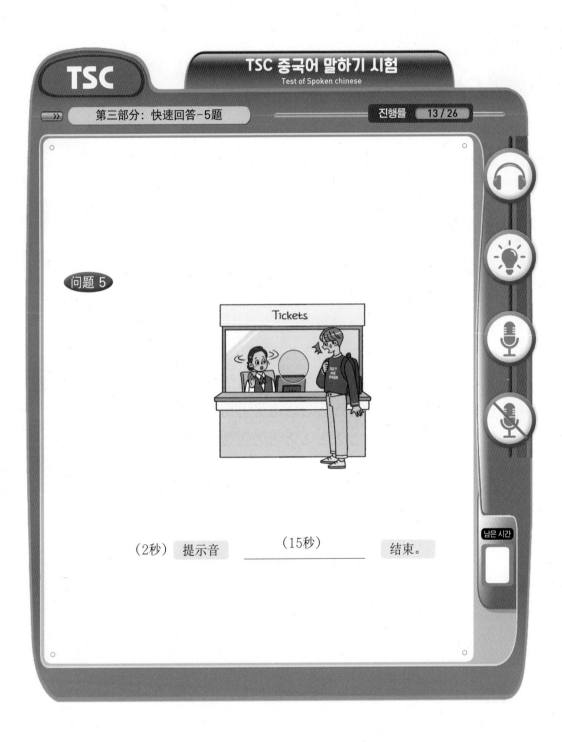

问题 5

（2秒）提示音 _____（15秒）结束。

남은 시간

在这部分试题中，你将听到五个问题。请尽量用完整的句子来回答，句子的长短和用词将影响你的分数。

请听例句。

问题　：上下班的时候，你坐地铁还是自己开车?

回答 1：我每天坐地铁上班，坐地铁不堵车。

回答 2：我每天坐地铁上班，坐地铁不堵车，而且很便宜，在地铁里可以
　　　　看书，还可以听音乐，非常方便，所以我常常坐地铁上下班。

两种回答都可以，但第二种回答更完整更详细，你将得到较高的分数。请听到提示音之后开始回答问题。每道题请你用15秒思考，回答时间是25秒。

下面开始提问。

남은 시간

问题 1　你什么时候感到紧张？

（15秒）　提示音　　　　（25秒）　　　　结束。

问题 2   你打算工作到什么时候退休?

（15秒） 提示音   （25秒）   结束。

问题 3　你喜欢去外国旅游吗？

（15秒）　提示音　　　（25秒）　　　　　结束。

TSC 중국어 말하기 시험
Test of Spoken chinese

第四部分：简短回答-5题

진행률 17 / 26

问题 4　外国朋友来韩国的话，你会推荐他去韩国的什么
地方？

（15秒）　提示音　　　　　（25秒）　　　　　结束。

남은 시간

问题 5　　买东西的时候，你受广告的影响吗？

（15秒）　提示音　　　　（25秒）　　　　结束。

在这部分试题中，你将听到四个问题，请发表一下你的观点和看法，请尽量用完整的句子来回答，句子的长短和用词将影响你的分数。

请听例句。

问题　：你怎么看待减肥？

回答1：我觉得减肥不太好。

回答2：我认为减肥是件好事，不但可以使身体更健康，而且还能让自己看起来更漂亮。减肥还要注意选择适当的方法，比如通过适当的运动和调整饮食来达到减肥的目的。

两种回答都可以，但第二种回答更完整更详细，你将得到较高的分数。请听到提示音之后开始回答问题。每道题请你用30秒思考，回答时间是50秒。

下面开始提问。

남은 시간

问题 1　你认为去国外留学的优点和缺点是什么? 请谈谈你的看法。

(30秒)　提示音　　　　(50秒)　　　　结束。

第五部分：拓展回答-4题

问题 3　你认为孩子从什么时候开始使用手机比较合适？

（30秒）　提示音　　　（50秒）　　　结束。

问题 4   你经常使用一次性用品吗？为什么？

（30秒） 提示音   （50秒）   结束。

在这部分试题中，你将看到提示图，同时还将听到中文的情景叙述。假设你处于这种情况之下，你将如何应对。请尽量用完整的句子来回答，句子的长短和用词将影响你的分数。请听到提示音之后开始回答问题。每道题请你用30秒思考，回答时间是40秒。
下面开始提问。

问题 1

你的朋友打算去外国旅游，可是你想在国内旅游，请你劝你的朋友跟你一起在国内旅游吧。

（30秒）　提示音　　　　（40秒）　　　　结束。

남은 시간

问题 2

你的朋友要来机场接你，你们约好了在机场见面，但是飞机晚点了，请你跟你的朋友说明一下情况。

（30秒） 提示音 _____（40秒）_____ 结束。

남은 시간

在这部分试题中，你将看到四幅连续的图片。请你根据图片的内容讲述一个完整的故事。请认真看下列四幅图。（30秒）

①

②

③

④

问题　现在请根据图片的内容讲述一个故事，请尽量完整、详细。讲述时间是90秒。
请听到提示音之后开始回答。

（30秒）　提示音　　　　　　（90秒）　　　　　　结束。

考试结束。

最后，如果您对我们的考试有什么感想的话，请说出来。

请听到提示音之后开始发言。发言时间是30秒。

(2秒)　提示音　　　(30秒)　　　结束。

谢谢您参加我们的考试！

MEMO

MEMO

MEMO

MEMO

MEMO

MEMO

MEMO

외국어 출판 40년의 신뢰
외국어 전문 출판 그룹
동양북스가 만드는 책은 다릅니다.

40년의 쉼 없는 노력과 도전으로 책 만들기에 최선을 다해온 동양북스는
오늘도 미래의 가치에 투자하고 있습니다.
대한민국의 내일을 생각하는 도전 정신과 믿음으로 최선을 다하겠습니다.

📖 **동양북스** 추천 교재

일본어 교재의 최강자, 동양북스 추천 교재

회화 코스북

일본어뱅크 다이스키
STEP 1·2·3·4·5·6·7·8

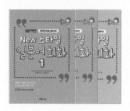

일본어뱅크
New 스타일 일본어 회화
1·2·3

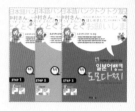

일본어뱅크 도모다찌
STEP 1·2·3

분야서

일본어뱅크
NEW 스타일 일본어 문법

일본어뱅크
일본어 작문 초급

일본어뱅크
사진과 함께하는
일본 문화

일본어뱅크
항공 서비스 일본어

가장 쉬운 독학
일본어 현지회화

수험서

일취월장 JPT
독해·청해

일취월장 JPT
실전 모의고사 500·700

新일본어능력시험
실전적중 문제집 문자·어휘 N1·N2
실전적중 문제집 문법 N1·N2

新일본어능력시험
실전적중 문제집 독해 N1·N2
실전적중 문제집 청해 N1·N2

단어·한자

특허받은
일본어 한자 암기박사

일본어 상용한자 2136
이거 하나면 끝!

일본어뱅크
New 스타일 일본어 한자 1·2

가장 쉬운 독학
일본어 단어장

중국어 교재의 최강자, 동양북스 추천 교재

중국어뱅크 북경대학 한어구어
1·2·3·4·5·6

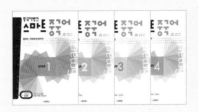

중국어뱅크 스마트중국어
STEP 1·2·3·4

중국어뱅크 뉴스타일중국어
STEP 1·2

중국어뱅크
문화중국어 1·2

중국어뱅크
관광 중국어 1·2

중국어뱅크
여행 중국어

중국어뱅크
호텔 중국어

중국어뱅크
판매 중국어

중국어뱅크
항공 서비스 중국어

중국어뱅크
의료관광 중국어

정반합 新HSK
1급·2급·3급·4급·5급·6급

버전업! 新HSK 한 권이면 끝
3급·4급·5급·6급

버전업! 新HSK VOCA 5급·6급

가장 쉬운 독학 중국어 단어장

중국어뱅크
중국어 간체자 1000

특허받은
중국어 한자 암기박사

📖 동양북스 추천 교재

중고급 학습

첫걸음 끝내고 보는
프랑스어
중고급의 모든 것

첫걸음 끝내고 보는
스페인어
중고급의 모든 것

첫걸음 끝내고 보는
독일어
중고급의 모든 것

첫걸음 끝내고 보는
태국어
중고급의 모든 것

단어장

버전업! 가장 쉬운
프랑스어 단어장

버전업! 가장 쉬운
스페인어 단어장

버전업! 가장 쉬운
독일어 단어장

여행 회화

NEW 후다닥
여행 중국어

NEW 후다닥
여행 일본어

NEW 후다닥
여행 영어

NEW 후다닥
여행 독일어

NEW 후다닥
여행 프랑스어

NEW 후다닥
여행 스페인어

NEW 후다닥
여행 베트남어

NEW 후다닥
여행 태국어

수험서 · 교재

한 권으로 끝내는 DELE
어휘 · 쓰기 · 관용구편 (B2~C1)

수능 기초 베트남어
한 권이면 끝!

버전업! 스마트 프랑스어

일단 합격하고 오겠습니다

TSC
TEST OF SPOKEN CHINESE
실전문제집

TSC시험은 이 안에서만 나온다!
15년간 TSC만 가르쳐 온 전문 강사가 뽑은 최다 출제 문제 완전 정복!

지금까지 이렇게 많은 문제는 없었다!
반복 연습만이 합격의 지름길! 20회분에 해당하는 문제 수록!

대기업 입사·승진 시험에 완벽 대비한다!
삼성그룹 외 대기업 입사·승진이 책 한 권으로 눈 앞에!

ISBN 979-11-5768-453-3

13720

값 19,000원

일단 **합격**하고 오겠습니다

TSC
TEST OF SPOKEN CHINESE

실전문제집

단어장

01	书	shū	몡 책
02	在	zài	통 ~에 있다
03	哪儿	nǎr	대 어디, 어느
04	什么时候	shénme shíhou	언제
05	结婚	jiéhūn	통 결혼하다
06	小	xiǎo	혱 작다
07	大	dà	혱 크다
08	贵	guì	혱 비싸다
09	便宜	piányi	혱 싸다
10	杯子	bēizi	몡 컵
11	多少钱	duōshao qián	얼마예요?
12	坐	zuò	통 앉다, (교통 도구를) 타다
13	火车	huǒchē	몡 기차, 열차
14	公共汽车	gōnggòngqìchē	몡 버스
15	自行车	zìxíngchē	몡 자전거

16	出租汽车	chūzūqìchē	명 택시
17	昨天	zuótiān	명 어제
18	今天	jīntiān	명 오늘
19	下班	xiàbān	동 퇴근하다
20	上班	shàngbān	동 출근하다
21	裙子	qúnzi	명 치마
22	买	mǎi	동 사다
23	住	zhù	동 숙박하다, 거주하다
24	什么样	shénmeyàng	대 어떠한
25	饭店	fàndiàn	명 호텔, 식당
26	电脑	diànnǎo	명 컴퓨터
27	吃饭	chī fàn	식사하다
28	怎么样	zěnmeyàng	대 어떠하다
29	听说	tīngshuō	동 듣자(하)니
30	进	jìn	동 들어가다

Check! Check!

01	书	shū	
02	在	zài	
03	哪儿	nǎr	
04	什么时候	shénme shíhou	
05	结婚	jiéhūn	
06	小	xiǎo	
07	大	dà	
08	贵	guì	
09	便宜	piányi	
10	杯子	bēizi	
11	多少钱	duōshao qián	
12	坐	zuò	
13	火车	huǒchē	
14	公共汽车	gōnggòngqìchē	
15	自行车	zìxíngchē	

16	出租汽车	chūzūqìchē	
17	昨天	zuótiān	
18	今天	jīntiān	
19	下班	xiàbān	
20	上班	shàngbān	
21	裙子	qúnzi	
22	买	mǎi	
23	住	zhù	
24	什么样	shénmeyàng	
25	饭店	fàndiàn	
26	电脑	diànnǎo	
27	吃饭	chī fàn	
28	怎么样	zěnmeyàng	
29	听说	tīngshuō	
30	进	jìn	

01	新公司	xīn gōngsī	새 회사
02	考	kǎo	통 (시험을) 보다, 치르다
03	考试	kǎoshì	명 통 시험(보다)
04	面试	miànshì	명 통 면접(보다)
05	什么地方	shénme dìfang	어디
06	餐厅	cāntīng	명 식당(호텔·공항 등)
07	电视机	diànshìjī	명 텔레비전
08	外边(儿)	wàibian(r)	명 밖, 바깥
09	散步	sànbù	통 산책하다
10	会议	huìyì	명 회의
11	开始	kāishǐ	통 시작되다, 시작하다
12	停车场	tíngchēchǎng	명 주차장
13	出毛病	chū máobing	문제가 생기다
14	资料	zīliào	명 자료
15	担心	dānxīn	통 염려하다, 걱정하다

16	修理	xiūlǐ	통 수리하다
17	袜子	wàzi	명 양말
18	鞋	xié	명 신발, 구두
19	皮鞋	píxié	명 가죽구두
20	运动鞋	yùndòngxié	명 운동화
21	体重	tǐzhòng	명 체중, 몸무게
22	喝水	hē shuǐ	물을 마시다
23	宾馆	bīnguǎn	명 호텔
24	以后	yǐhòu	명 이후
25	以前	yǐqián	명 이전, 예전
26	生孩子	shēng háizi	아이를 낳다
27	补习班	bǔxíbān	명 학원
28	带	dài	통 (몸에) 지니다, 휴대하다
29	雨伞	yǔsǎn	명 우산
30	教室	jiàoshì	명 교실

Check! Check!

01	新公司	xīn gōngsī	
02	考	kǎo	
03	考试	kǎoshì	
04	面试	miànshì	
05	什么地方	shénme dìfang	
06	餐厅	cāntīng	
07	电视机	diànshìjī	
08	外边(儿)	wàibian(r)	
09	散步	sànbù	
10	会议	huìyì	
11	开始	kāishǐ	
12	停车场	tíngchēchǎng	
13	出毛病	chū máobing	
14	资料	zīliào	
15	担心	dānxīn	

16	修理	xiūlǐ	
17	袜子	wàzi	
18	鞋	xié	
19	皮鞋	píxié	
20	运动鞋	yùndòngxié	
21	体重	tǐzhòng	
22	喝水	hē shuǐ	
23	宾馆	bīnguǎn	
24	以后	yǐhòu	
25	以前	yǐqián	
26	生孩子	shēng háizi	
27	补习班	bǔxíbān	
28	带	dài	
29	雨伞	yǔsǎn	
30	教室	jiàoshì	

01	男的	nánde	명 남자
02	女的	nǚde	명 여자
03	手表	shǒubiǎo	명 손목시계
04	打电话	dǎ diànhuà	전화하다
05	电话机	diànhuàjī	명 전화기
06	旁边	pángbiān	명 옆, 곁
07	出差	chūchāi	동 출장가다
08	去过	qùguo	가 본 적이 있다
09	医院	yīyuàn	명 병원
10	合适	héshì	형 적당(적합)하다
11	这件衣服	zhè jiàn yīfu	이 옷
12	喝茶	hē chá	차 마시다
13	下课	xiàkè	동 수업이 끝나다
14	上课	shàngkè	동 수업하다
15	打算	dǎsuàn	동 ~할 생각(계획)이다

16	打扫	dǎsǎo	통 청소하다
17	麻烦	máfan	통 폐를 끼치다, 번거롭게 하다
18	借给	jiè gěi	~에게 빌려주다
19	戴眼镜	dài yǎnjìng	안경을 쓰다
20	公园儿	gōngyuánr	명 공원
21	钱包	qiánbāo	명 지갑
22	舒服	shūfu	형 (몸·마음이) 편안하다
23	电影	diànyǐng	명 영화
24	咖啡厅	kāfēitīng	명 커피숍
25	沙发	shāfā	명 소파
26	只	zhī	양 마리
27	小狗	xiǎogǒu	명 강아지
28	棒球	bàngqiú	명 야구
29	比赛	bǐsài	명 경기, 시합
30	附近	fùjìn	명 부근, 근처, 인근

Check! Check!

외운 단어의 뜻을 써 봅시다.

01	男的	nánde	
02	女的	nǚde	
03	手表	shǒubiǎo	
04	打电话	dǎ diànhuà	
05	电话机	diànhuàjī	
06	旁边	pángbiān	
07	出差	chūchāi	
08	去过	qùguo	
09	医院	yīyuàn	
10	合适	héshì	
11	这件衣服	zhè jiàn yīfu	
12	喝茶	hē chá	
13	下课	xiàkè	
14	上课	shàngkè	
15	打算	dǎsuàn	

16	打扫	dǎsǎo
17	麻烦	máfan
18	借给	jiè gěi
19	戴眼镜	dài yǎnjìng
20	公园儿	gōngyuánr
21	钱包	qiánbāo
22	舒服	shūfu
23	电影	diànyǐng
24	咖啡厅	kāfēitīng
25	沙发	shāfā
26	只	zhī
27	小狗	xiǎogǒu
28	棒球	bàngqiú
29	比赛	bǐsài
30	附近	fùjìn

01	聚会	jùhuì	명 모임
02	会餐	huìcān	동 회식하다
03	同学会	tóngxuéhuì	명 동창회
04	找到	zhǎodào	동 찾아내다
05	恭喜	gōngxǐ	동 축하하다
06	祝贺	zhùhè	동 축하하다
07	上车	shàngchē	동 (차·기차 등을) 타다
08	床	chuáng	명 침대
09	圆珠笔	yuánzhūbǐ	명 볼펜
10	放假	fàngjià	동 방학하다, (학교나 직장이) 쉬다
11	外国	wàiguó	명 외국
12	旅行	lǚxíng	동 여행하다
13	旅游	lǚyóu	동 여행하다
14	开会	kāihuì	동 회의를 열다(하다)
15	重要	zhòngyào	형 중요하다

16	事儿	shìr	명 일, 사정
17	事情	shìqing	명 일, 사건
18	买新车	mǎi xīnchē	새 차를 사다
19	大小	dàxiǎo	명 크기
20	长短	chángduǎn	명 길이, 치수
21	看书	kàn shū	동 책을 보다
22	裤子	kùzi	명 바지
23	水果	shuǐguǒ	명 과일
24	手机	shǒujī	명 휴대폰
25	新职员	xīnzhíyuán	신입사원
26	老职员	lǎozhíyuán	경력사원
27	参加	cānjiā	동 참가하다, 참석하다
28	铅笔	qiānbǐ	명 연필
29	跑步	pǎobù	동 달리다
30	办公室	bàngōngshì	명 사무실

01	聚会	jùhuì	
02	会餐	huìcān	
03	同学会	tóngxuéhuì	
04	找到	zhǎodào	
05	恭喜	gōngxǐ	
06	祝贺	zhùhè	
07	上车	shàngchē	
08	床	chuáng	
09	圆珠笔	yuánzhūbǐ	
10	放假	fàngjià	
11	外国	wàiguó	
12	旅行	lǚxíng	
13	旅游	lǚyóu	
14	开会	kāihuì	
15	重要	zhòngyào	

16	事儿	shìr	
17	事情	shìqing	
18	买新车	mǎi xīnchē	
19	大小	dàxiǎo	
20	长短	chángduǎn	
21	看书	kàn shū	
22	裤子	kùzi	
23	水果	shuǐguǒ	
24	手机	shǒujī	
25	新职员	xīnzhíyuán	
26	老职员	lǎozhíyuán	
27	参加	cānjiā	
28	铅笔	qiānbǐ	
29	跑步	pǎobù	
30	办公室	bàngōngshì	

01	房子	fángzi	명 집, 건물
02	加班	jiābān	동 잔업하다, 특근하다
03	打篮球	dǎ lánqiú	농구하다
04	换钱	huànqián	동 환전하다
05	美元	měiyuán	명 미국 달러
06	人民币	rénmínbì	명 인민폐
07	从……到……	cóng……dào……	~에서 ~까지
08	羊肉	yángròu	명 양고기
09	鸡肉	jīròu	명 닭고기
10	生日	shēngrì	명 생일
11	礼物	lǐwù	명 선물
12	送礼物	sòng lǐwù	선물을 주다
13	出发	chūfā	동 출발하다
14	书店	shūdiàn	명 서점
15	睡觉	shuìjiào	동 (잠을) 자다

16	起床	qǐchuáng	통 기상하다
17	喜欢	xǐhuan	통 좋아하다
18	个子	gèzi	명 키, 신장
19	本子	běnzi	명 노트, 필기장
20	商店	shāngdiàn	명 상점, 판매점
21	爱好	àihào	명 통 취미, 애호(하다)
22	第一次	dì-yī cì	명 처음, 최초
23	买花	mǎi huā	꽃을 사다
24	味道	wèidao	명 맛
25	不错	búcuò	형 좋다, 괜찮다
26	菜	cài	명 야채, 요리, 반찬
27	做菜	zuòcài	통 요리하다
28	拿手菜	náshǒucài	가장 잘하는 요리
29	发	fā	통 발송하다
30	短信	duǎnxìn	명 문자 메시지

Check! Check!

01	房子	fángzi
02	加班	jiābān
03	打篮球	dǎ lánqiú
04	换钱	huànqián
05	美元	měiyuán
06	人民币	rénmínbì
07	从……到……	cóng……dào……
08	羊肉	yángròu
09	鸡肉	jīròu
10	生日	shēngrì
11	礼物	lǐwù
12	送礼物	sòng lǐwù
13	出发	chūfā
14	书店	shūdiàn
15	睡觉	shuìjiào

16	起床	qǐchuáng	
17	喜欢	xǐhuan	
18	个子	gèzi	
19	本子	běnzi	
20	商店	shāngdiàn	
21	爱好	àihào	
22	第一次	dì-yī cì	
23	买花	mǎi huā	
24	味道	wèidao	
25	不错	búcuò	
26	菜	cài	
27	做菜	zuòcài	
28	拿手菜	náshǒucài	
29	发	fā	
30	短信	duǎnxìn	

01	电子邮件	diànzǐ yóujiàn	명 이메일
02	看电影	kàn diànyǐng	영화를 보다
03	电影院	diànyǐngyuàn	명 영화관
04	足球	zúqiú	명 축구
05	苹果	píngguǒ	명 사과
06	香蕉	xiāngjiāo	명 바나나
07	桔子	júzi	명 귤
08	西瓜	xīguā	명 수박
09	钱	qián	명 돈
10	面包	miànbāo	명 빵
11	过生日	guò shēngrì	생일을 보내다
12	穿	chuān	동 입다
13	下雨	xiàyǔ	동 비가 내리다
14	度假	dùjià	동 휴가를 보내다
15	到家	dàojiā	동 집에 도착하다

16	化妆品	huàzhuāngpǐn	명 화장품
17	开车	kāichē	통 운전하다
18	通过	tōngguò	통 전 (시험에) 합격하다, ~을 통해
19	伤心	shāngxīn	통 상심하다
20	箱子	xiāngzi	명 상자, 박스
21	图书馆	túshūguǎn	명 도서관
22	南边	nánbian	명 남쪽, 남방
23	北边	běibian	명 북쪽, 북방
24	东边	dōngbian	명 동쪽, 동방
25	西边	xībian	명 서쪽, 서방
26	中间	zhōngjiān	명 중간
27	免费	miǎnfèi	통 무료로 하다
28	天气	tiānqì	명 날씨
29	咖啡	kāfēi	명 커피
30	除了……以外	chúle……yǐwài	~을 제외하고

01	电子邮件	diànzǐ yóujiàn
02	看电影	kàn diànyǐng
03	电影院	diànyǐngyuàn
04	足球	zúqiú
05	苹果	píngguǒ
06	香蕉	xiāngjiāo
07	桔子	júzi
08	西瓜	xīguā
09	钱	qián
10	面包	miànbāo
11	过生日	guò shēngrì
12	穿	chuān
13	下雨	xiàyǔ
14	度假	dùjià
15	到家	dàojiā

16	化妆品	huàzhuāngpǐn	
17	开车	kāichē	
18	通过	tōngguò	
19	伤心	shāngxīn	
20	箱子	xiāngzi	
21	图书馆	túshūguǎn	
22	南边	nánbian	
23	北边	běibian	
24	东边	dōngbian	
25	西边	xībian	
26	中间	zhōngjiān	
27	免费	miǎnfèi	
28	天气	tiānqì	
29	咖啡	kāfēi	
30	除了……以外	chúle……yǐwài	

01	大夫	dàifu	명 의사
02	吃药	chī yào	약을 복용하다
03	晚会	wǎnhuì	명 회식, 이브닝 파티
04	约会	yuēhuì	명 약속
05	见面	jiànmiàn	통 만나다
06	等	děng	통 기다리다
07	饮料	yǐnliào	명 음료
08	洗车	xǐchē	세차하다
09	接电话	jiē diànhuà	전화를 받다
10	商量	shāngliang	통 상의하다
11	画画儿	huà huàr	그림을 그리다
12	邮局	yóujú	명 우체국
13	厚	hòu	형 두껍다
14	欢迎	huānyíng	통 환영하다
15	位	wèi	양 분 [사람을 세는 '명'의 공손한 표현]

16	加糖	jiā táng	설탕을 넣다
17	喝酒	hē jiǔ	술을 마시다
18	请假	qǐngjià	통 (휴가·결근 등을) 신청하다
19	推荐	tuījiàn	통 추천하다
20	干净	gānjìng	형 깨끗하다
21	脏	zāng	형 더럽다
22	日程	rìchéng	명 일정
23	手提包	shǒutíbāo	명 핸드백
24	现金	xiànjīn	명 현금
25	信用卡	xìnyòngkǎ	명 신용카드
26	感冒	gǎnmào	명 통 감기(에 걸리다)
27	休假	xiūjià	통 쉬다
28	司机	sījī	명 운전기사
29	厨师	chúshī	명 요리사
30	饭菜	fàncài	명 밥과 반찬

Check! Check!

01	大夫	dàifu	
02	吃药	chī yào	
03	晚会	wǎnhuì	
04	约会	yuēhuì	
05	见面	jiànmiàn	
06	等	děng	
07	饮料	yǐnliào	
08	洗车	xǐchē	
09	接电话	jiē diànhuà	
10	商量	shāngliang	
11	画画儿	huà huàr	
12	邮局	yóujú	
13	厚	hòu	
14	欢迎	huānyíng	
15	位	wèi	

16	加糖	jiā táng	
17	喝酒	hē jiǔ	
18	请假	qǐngjià	
19	推荐	tuījiàn	
20	干净	gānjìng	
21	脏	zāng	
22	日程	rìchéng	
23	手提包	shǒutíbāo	
24	现金	xiànjīn	
25	信用卡	xìnyòngkǎ	
26	感冒	gǎnmào	
27	休假	xiūjià	
28	司机	sījī	
29	厨师	chúshī	
30	饭菜	fàncài	

01	对……满意	duì……mǎnyì	~에 대해 만족하다
02	玩儿	wánr	통 놀다
03	单人间	dānrénjiān	1인실
04	双人间	shuāngrénjiān	2인실
05	哭	kū	통 (소리내어) 울다
06	笑	xiào	통 웃다, 비웃다, 조소하다
07	书包	shūbāo	명 책가방
08	桌子	zhuōzi	명 테이블
09	楼	lóu	명 층
10	说汉语	shuō Hànyǔ	중국어를 하다
11	椅子	yǐzi	명 의자
12	搬家	bānjiā	통 이사하다, 집을 옮기다
13	婚礼	hūnlǐ	명 결혼식
14	坐	zuò	통 앉다, (교통수단을) 타다
15	地铁	dìtiě	명 지하철

16	刷卡	shuākǎ	통 카드로 결제하다
17	顶	dǐng	양 모자를 세는 단위
18	帽子	màozi	명 모자
19	房间	fángjiān	명 방
20	超市	chāoshì	명 마트
21	翻译	fānyì	명 통 통역(원), 번역하다
22	手里	shǒuli	명 손안, 수중
23	部门	bùmén	명 부서
24	气氛	qìfēn	명 분위기
25	机场	jīchǎng	명 공항
26	猫	māo	명 고양이
27	牛奶	niúnǎi	명 우유
28	手表	shǒubiǎo	명 손목시계
29	医院	yīyuàn	명 병원
30	出差	chūchāi	통 출장가다

01	对……满意	duì……mǎnyì
02	玩儿	wánr
03	单人间	dānrénjiān
04	双人间	shuāngrénjiān
05	哭	kū
06	笑	xiào
07	书包	shūbāo
08	桌子	zhuōzi
09	楼	lóu
10	说汉语	shuō Hànyǔ
11	椅子	yǐzi
12	搬家	bānjiā
13	婚礼	hūnlǐ
14	坐	zuò
15	地铁	dìtiě

16	刷卡	shuākǎ	
17	顶	dǐng	
18	帽子	màozi	
19	房间	fángjiān	
20	超市	chāoshì	
21	翻译	fānyì	
22	手里	shǒuli	
23	部门	bùmén	
24	气氛	qìfēn	
25	机场	jīchǎng	
26	猫	māo	
27	牛奶	niúnǎi	
28	手表	shǒubiǎo	
29	医院	yīyuàn	
30	出差	chūchāi	

01	天气预报	tiānqì yùbào	명 일기예보
02	迟到	chídào	동 지각하다
03	谈	tán	동 이야기하다
04	经验	jīngyàn	명 경험, 체험
05	常	cháng	부 자주
06	东西	dōngxi	명 물건
07	不舒服	bù shūfu	형 (몸이) 불편하다
08	怎么办	zěnmebàn	어떻게 하나
09	考虑	kǎolǜ	동 고려하다, 생각하다
10	哪些	nǎ xiē	대 어느, 어떤
11	方面	fāngmiàn	명 방면, 부분, 분야
12	花	huā	동 (돈을) 쓰다
13	国家	guójiā	명 국가, 나라
14	……的话	……de huà	조 ~한다면, ~이면
15	好处	hǎochu	명 좋은점

16	坏处	huàichu	명 나쁜점
17	优点	yōudiǎn	명 장점
18	缺点	quēdiǎn	명 단점, 부족한 점
19	呆	dāi	통 머무르다
20	上网	shàngwǎng	통 인터넷하다
21	主要	zhǔyào	형 주요한, 주된
22	目的	mùdì	명 목적
23	认为	rènwéi	통 여기다, 생각하다
24	理想	lǐxiǎng	형 이상적이다
25	知识	zhīshi	명 지식
26	办法	bànfǎ	명 수단, 조치, 방책
27	交通	jiāotōng	명 교통
28	生活	shēnghuó	명 생활
29	带来	dàilái	통 가져오다, 가져다주다
30	影响	yǐngxiǎng	통 영향을 주다(끼치다)

Check! Check!

01	天气预报	tiānqì yùbào
02	迟到	chídào
03	谈	tán
04	经验	jīngyàn
05	常	cháng
06	东西	dōngxi
07	不舒服	bù shūfu
08	怎么办	zěnmebàn
09	考虑	kǎolǜ
10	哪些	nǎ xiē
11	方面	fāngmiàn
12	花	huā
13	国家	guójiā
14	……的话	……de huà
15	好处	hǎochu

16	坏处	huàichu
17	优点	yōudiǎn
18	缺点	quēdiǎn
19	呆	dāi
20	上网	shàngwǎng
21	主要	zhǔyào
22	目的	mùdì
23	认为	rènwéi
24	理想	lǐxiǎng
25	知识	zhīshi
26	办法	bànfǎ
27	交通	jiāotōng
28	生活	shēnghuó
29	带来	dàilái
30	影响	yǐngxiǎng

01	拍照	pāizhào	통 사진을 찍다
02	照片	zhàopiàn	명 사진
03	存钱	cúnqián	통 돈을 저금하다
04	收入	shōurù	명 수입, 소득
05	百分之……	bǎifēnzhī……	……퍼센트
06	农村	nóngcūn	명 농촌
07	城市	chéngshì	명 도시
08	适合	shìhé	통 적합하다, 어울리다
09	成长	chéngzhǎng	통 성장하다, 자라다
10	辞职	cízhí	통 사직하다
11	留学	liúxué	통 유학하다
12	举行	jǔxíng	통 거행하다
13	公共交通工具	gōnggòng jiāotōng gōngjù	대중교통수단
14	工具	gōngjù	명 수단, 도구, 공구
15	方式	fāngshì	명 방식

16	早起	zǎoqǐ	일찍 일어나다
17	早睡	zǎoshuì	일찍 자다
18	压力	yālì	명 압력, 스트레스
19	法律	fǎlǜ	명 법률
20	手段	shǒuduàn	명 수단, 방법, 수법
21	限制	xiànzhì	동 제한하다, 규제하다
22	使用	shǐyòng	동 사용하다, 쓰다
23	一次性用品	yícìxìng yòngpǐn	명 일회용품
24	同事	tóngshì	명 동료
25	关系	guānxi	명 (사람과 사람 또는 사물 사이의) 관계
26	人际关系	rénjì guānxi	명 대인관계
27	客户	kèhù	명 거래처, 바이어, 고객
28	选择	xuǎnzé	명 동 선택(하다)
29	企业	qǐyè	명 기업
30	正式	zhèngshì	형 정식의, 정규의

Check! Check!

01	拍照	pāizhào	
02	照片	zhàopiàn	
03	存钱	cúnqián	
04	收入	shōurù	
05	百分之……	bǎifēnzhī……	
06	农村	nóngcūn	
07	城市	chéngshì	
08	适合	shìhé	
09	成长	chéngzhǎng	
10	辞职	cízhí	
11	留学	liúxué	
12	举行	jǔxíng	
13	公共交通工具	gōnggòng jiāotōng	
14	工具	gōngjù	
15	方式	fāngshì	

16	早起	zǎoqǐ	
17	早睡	zǎoshuì	
18	压力	yālì	
19	法律	fǎlǜ	
20	手段	shǒuduàn	
21	限制	xiànzhì	
22	使用	shǐyòng	
23	一次性用品	yícìxìng yòngpǐn	
24	同事	tóngshì	
25	关系	guānxi	
26	人际关系	rénjì guānxi	
27	客户	kèhù	
28	选择	xuǎnzé	
29	企业	qǐyè	
30	正式	zhèngshì	

TSC 제 4, 5부분 필수단어

01	合同	hétong	명 계약, 계약서
02	雇佣	gùyōng	통 고용하다
03	提供	tígōng	통 제공하다, 공급하다
04	塑料袋儿	sùliàodàir	명 비닐봉지
05	环境	huánjìng	명 환경
06	保护	bǎohù	통 보호하다
07	外语	wàiyǔ	명 외국어
08	看待	kàndài	통 다루다, 취급하다, 보다
09	青少年	qīngshàonián	명 청소년
10	幼儿	yòu'ér	명 유아
11	犯罪	fànzuì	통 죄를 저지르다
12	同意	tóngyì	통 동의하다, 허락하다
13	报纸	bàozhǐ	명 신문
14	目标	mùbiāo	명 목표
15	成功	chénggōng	통 성공하다

16	失败	shībài	통 실패하다
17	才华	cáihuá	명 재능, 재주
18	说明	shuōmíng	통 설명하다, 해설하다
19	整天	zhěngtiān	명 (온)종일, 하루종일
20	污染	wūrǎn	통 오염시키다, 오염되다
21	破坏	pòhuài	통 훼손시키다
22	生态平衡	shēngtài pínghéng	생태계의 균형
23	老板	lǎobǎn	명 사장
24	改善	gǎishàn	통 개선하다, 개량하다
25	福利	fúlì	명 복지, 복리
26	待遇	dàiyù	명 (급료 · 보수 · 권리 등의) 대우
27	肥胖	féipàng	형 뚱뚱하다, 비만하다
28	儿童	értóng	명 아동, 어린이
29	上司	shàngsi	명 상급자, 상사
30	部下	bùxià	명 부하

Check! Check!

외운 단어의 뜻을 써 봅시다.

01	合同	hétong
02	雇佣	gùyōng
03	提供	tígōng
04	塑料袋儿	sùliàodàir
05	环境	huánjìng
06	保护	bǎohù
07	外语	wàiyǔ
08	看待	kàndài
09	青少年	qīngshàonián
10	幼儿	yòu'ér
11	犯罪	fànzuì
12	同意	tóngyì
13	报纸	bàozhǐ
14	目标	mùbiāo
15	成功	chénggōng

-44-

16	失败	shībài	
17	才华	cáihuá	
18	说明	shuōmíng	
19	整天	zhěngtiān	
20	污染	wūrǎn	
21	破坏	pòhuài	
22	生态平衡	shēngtài pínghéng	
23	老板	lǎobǎn	
24	改善	gǎishàn	
25	福利	fúlì	
26	待遇	dàiyù	
27	肥胖	féipàng	
28	儿童	értóng	
29	上司	shàngsi	
30	部下	bùxià	

01	矛盾	máodùn	명 갈등, 모순
02	幸福	xìngfú	형 행복하다
03	谈恋爱	tán liàn'ài	동 연애하다
04	退休	tuìxiū	동 퇴직하다, 은퇴하다
05	小时候	xiǎoshíhou	명 어린시절, 유년기
06	度过	dùguò	동 (시간을) 보내다, 지내다
07	家务	jiāwù	명 가사
08	保险	bǎoxiǎn	명 형 보험, 안전하다
09	大城市	dàchéngshì	명 대도시
10	拥挤	yōngjǐ	형 붐비다, 혼잡하다
11	午休	wǔxiū	명 동 점심 휴식(을 취하다)
12	定期	dìngqī	형 정기의, 정기적인
13	检查	jiǎnchá	동 검사하다
14	逛	guàng	동 거닐다, 돌아다니다
15	公寓	gōngyù	명 아파트

16	周围	zhōuwéi	몡 주위, 주변
17	坐过站	zuò guò zhàn	내릴 곳을 놓치다
18	性格	xìnggé	몡 성격
19	新款	xīnkuǎn	톙 새로운 스타일
20	报刊	bàokān	몡 신문·잡지 등의 간행물
21	做广告	zuò guǎnggào	광고하다
22	宣传	xuānchuán	통 홍보하다
23	产品	chǎnpǐn	몡 생산품, 제품
24	负担	fùdān	몡 통 부담(하다)
25	对此	duìcǐ	이것에 대해
26	反对	fǎnduì	통 반대하다
27	节日	jiérì	몡 명절
28	预防	yùfáng	통 예방하다
29	出众	chūzhòng	톙 출중하다, 뛰어나다
30	外貌	wàimào	몡 외모

Check! Check!

외운 단어의 뜻을 써 봅시다.

01	矛盾	máodùn	
02	幸福	xìngfú	
03	谈恋爱	tán liàn'ài	
04	退休	tuìxiū	
05	小时候	xiǎoshíhou	
06	度过	dùguò	
07	家务	jiāwù	
08	保险	bǎoxiǎn	
09	大城市	dàchéngshì	
10	拥挤	yōngjǐ	
11	午休	wǔxiū	
12	定期	dìngqī	
13	检查	jiǎnchá	
14	逛	guàng	
15	公寓	gōngyù	

16	周围	zhōuwéi	
17	坐过站	zuò guò zhàn	
18	性格	xìnggé	
19	新款	xīnkuǎn	
20	报刊	bàokān	
21	做广告	zuò guǎnggào	
22	宣传	xuānchuán	
23	产品	chǎnpǐn	
24	负担	fùdān	
25	对此	duìcǐ	
26	反对	fǎnduì	
27	节日	jiérì	
28	预防	yùfáng	
29	出众	chūzhòng	
30	外貌	wàimào	

TSC 제 4, 5부분 필수단어

01	条件	tiáojiàn	명 조건
02	允许	yǔnxǔ	동 허락하다
03	年龄	niánlíng	명 연령, 나이
04	国内	guónèi	명 국내
05	海外	hǎiwài	명 해외, 국외
06	照相	zhàoxiàng	동 사진을 찍다
07	价格	jiàgé	명 값, 가격
08	质量	zhìliàng	명 품질
09	款式	kuǎnshì	명 스타일, 디자인
10	式样	shìyàng	명 모양, 스타일, 디자인
11	学费	xuéfèi	명 수업료, 학비
12	电费	diànfèi	명 전기요금
13	手机费	shǒujīfèi	핸드폰 요금
14	彩票	cǎipiào	명 복권
15	中奖	zhòngjiǎng	동 (복권 따위에) 당첨되다

16	安排	ānpái	동 (인원·시간 등을)안배하다, 일을 처리하다
17	平均	píngjūn	형 평균의, 평균적인
18	适当	shìdàng	형 적절하다, 적당하다
19	语言	yǔyán	명 언어
20	详细	xiángxì	형 상세하다, 자세하다
21	志愿者	zhìyuànzhě	명 지원자, 자원봉사자
22	活动	huódòng	동 활동하다
23	有利	yǒulì	형 유리(유익)하다
24	不利	búlì	형 불리하다
25	举办	jǔbàn	동 거행하다, 개최하다
26	奥运会	àoyùnhuì	명 올림픽(경기)
27	主办国	zhǔbànguó	명 개최국
28	一年四季	yìnián sìjì	성 일 년 사계절
29	亲戚	qīnqi	명 친척
30	养	yǎng	동 부양하다, (동물을) 기르다

Check! Check!

외운 단어의 뜻을 써 봅시다.

01	条件	tiáojiàn
02	允许	yǔnxǔ
03	年龄	niánlíng
04	国内	guónèi
05	海外	hǎiwài
06	照相	zhàoxiàng
07	价格	jiàgé
08	质量	zhìliàng
09	款式	kuǎnshì
10	式样	shìyàng
11	学费	xuéfèi
12	电费	diànfèi
13	手机费	shǒujīfèi
14	彩票	cǎipiào
15	中奖	zhòngjiǎng

16	安排	ānpái	
17	平均	píngjūn	
18	适当	shìdàng	
19	语言	yǔyán	
20	详细	xiángxì	
21	志愿者	zhìyuànzhě	
22	活动	huódòng	
23	有利	yǒulì	
24	不利	búlì	
25	举办	jǔbàn	
26	奥运会	àoyùnhuì	
27	主办国	zhǔbànguó	
28	一年四季	yìnián sìjì	
29	亲戚	qīnqi	
30	养	yǎng	

TSC 제 4, 5부분 필수단어

01	宠物	chǒngwù	명 애완동물
02	校服	xiàofú	명 교복
03	丈夫	zhàngfu	명 남편
04	妻子	qīzi	명 아내
05	夫妻	fūqī	명 부부, 남편과 아내
06	支配	zhīpèi	통 지배하다
07	早期	zǎoqī	명 조기, 초기, 이른 시기
08	必要	bìyào	형 필요로하다
09	紧急	jǐnjí	형 긴급하다, 긴박하다
10	放弃	fàngqì	통 포기하다
11	人事部	rénshìbù	명 인사부
12	紧张	jǐnzhāng	형 긴장해있다, 불안하다
13	建筑	jiànzhù	통 세우다, 건축하다
14	动物园	dòngwùyuán	명 동물원
15	野生动物	yěshēng dòngwù	명 야생동물

16	恰当	qiàdàng	형 타당하다, 적당하다
17	网上购物	wǎngshàng gòuwù	명 온라인 쇼핑
18	购物	gòuwù	동 물건을 사다, 쇼핑하다
19	冲动	chōngdòng	동 흥분하다, 충동하다
20	感谢	gǎnxiè	동 고맙다, 감사하다
21	规定	guīdìng	동 규정하다, 정하다
22	对……感兴趣	duì……gǎn xìngqù	~에 흥미를 느끼다
23	当	dāng	동 ~이(가) 되다
24	贫困	pínkùn	형 빈곤하다
25	高中生	gāozhōngshēng	명 고등학생
26	合理	hélǐ	형 합리적이다
27	孤独	gūdú	형 고독하다, 외롭다
28	打工	dǎgōng	동 아르바이트하다
29	挣钱	zhèngqián	동 돈을 벌다
30	攒钱	zǎnqián	동 돈을 모으다

Check! Check!

외운 단어의 뜻을 써 봅시다.

01	宠物	chǒngwù	
02	校服	xiàofú	
03	丈夫	zhàngfu	
04	妻子	qīzi	
05	夫妻	fūqī	
06	支配	zhīpèi	
07	早期	zǎoqī	
08	必要	bìyào	
09	紧急	jǐnjí	
10	放弃	fàngqì	
11	人事部	rénshìbù	
12	紧张	jǐnzhāng	
13	建筑	jiànzhù	
14	动物园	dòngwùyuán	
15	野生动物	yěshēng dòngwù	

16	恰当	qiàdàng	
17	网上购物	wǎngshàng gòuwù	
18	购物	gòuwù	
19	冲动	chōngdòng	
20	感谢	gǎnxiè	
21	规定	guīdìng	
22	对……感兴趣	duì……gǎn xìngqù	
23	当	dāng	
24	贫困	pínkùn	
25	高中生	gāozhōngshēng	
26	合理	hélǐ	
27	孤独	gūdú	
28	打工	dǎgōng	
29	挣钱	zhèngqián	
30	攒钱	zǎnqián	

01	普及	pǔjí	통 보급되다
02	日常	rìcháng	형 일상의, 일상적인
03	消费	xiāofèi	통 소비하다
04	投资	tóuzī	통 투자하다
05	心情	xīnqíng	명 심정, 감정, 마음, 기분
06	开公司	kāi gōngsī	회사를 창립하다
07	制度	zhìdù	명 제도
08	海边	hǎibiān	명 해변
09	减肥	jiǎnféi	통 다이어트하다
10	牌子	páizi	명 상표, 브랜드
11	名牌儿	míngpáir	명 유명브랜드
12	公交车	gōngjiāochē	명 버스
13	机会	jīhuì	명 기회, 시기
14	保养	bǎoyǎng	통 보양하다, 양생하다
15	出生率	chūshēnglǜ	명 출생률

16	借钱	jièqián	통 돈을 빌리다(빌려주 다)
17	感情	gǎnqíng	명 감정
18	离婚	líhūn	통 이혼하다
19	观点	guāndiǎn	명 관점, 견해
20	缓解	huǎnjiě	통 해소하다, 완화하다
21	查找	cházhǎo	통 찾다, 조사하다
22	饮食	yǐnshí	명 음식
23	歌星	gēxīng	명 유명 가수
24	球星	qiúxīng	명 (구기 스포츠의)유명 선수
25	遇到	yùdào	통 만나다, 마주치다
26	平时	píngshí	명 평소, 평상시
27	按时	ànshí	부 제때에, 시간에 맞추 어
28	笔记本电脑	bǐjìběn diànnǎo	노트북컴퓨터
29	台式电脑	táishì diànnǎo	데스크톱 컴퓨터
30	换工作	huàn gōngzuò	일터를 옮기다

01	普及	pǔjí	
02	日常	rìcháng	
03	消费	xiāofèi	
04	投资	tóuzī	
05	心情	xīnqíng	
06	开公司	kāi gōngsī	
07	制度	zhìdù	
08	海边	hǎibiān	
09	减肥	jiǎnféi	
10	牌子	páizi	
11	名牌儿	míngpáir	
12	公交车	gōngjiāochē	
13	机会	jīhuì	
14	保养	bǎoyǎng	
15	出生率	chūshēnglǜ	

16	借钱	jièqián	
17	感情	gǎnqíng	
18	离婚	líhūn	
19	观点	guāndiǎn	
20	缓解	huǎnjiě	
21	查找	cházhǎo	
22	饮食	yǐnshí	
23	歌星	gēxīng	
24	球星	qiúxīng	
25	遇到	yùdào	
26	平时	píngshí	
27	按时	ànshí	
28	笔记本电脑	bǐjìběn diànnǎo	
29	台式电脑	táishì diànnǎo	
30	换工作	huàn gōngzuò	

01	邀请	yāoqǐng	동 초청하다, 초대하다
02	建议	jiànyì	동 제안하다, 건의하다
03	情况	qíngkuàng	명 상황, 정황
04	顺利	shùnlì	형 순조롭다
05	鼓励	gǔlì	동 격려하다
06	厌烦	yànfán	동 싫증나다, 물리다
07	调工作	diào gōngzuò	전근하다
08	房地产	fángdìchǎn	명 부동산
09	搬家公司	bānjiā gōngsī	이삿짐센터
10	部长	bùzhǎng	명 부장
11	用功	yònggōng	형 열심이다
12	成绩单	chéngjìdān	명 (일 · 학업상의) 성적표
13	安慰	ānwèi	동 위로하다
14	钥匙	yàoshi	명 열쇠
15	落在	làzài	…에 빠뜨리다

16	劝说	quànshuō	통 타이르다, 설득하다
17	劝告	quàngào	통 권고하다, 충고하다
18	拜托	bàituō	통 부탁드리다
19	收	shōu	통 받다
20	快递	kuàidì	명 특급 우편, 택배
21	赛跑	sàipǎo	명 달리기 경주
22	第一名	dì-yī míng	1등, 1위
23	得到	dédào	통 얻다, 획득하다
24	奖金	jiǎngjīn	명 상금, 상여금, 장려금
25	捐献	juānxiàn	통 기부하다
26	摩托车	mótuōchē	명 오토바이
27	危险	wēixiǎn	형 위험하다
28	作为	zuòwéi	통 ~의 신분(자격)으로서
29	询问	xúnwèn	통 알아보다, 물어보다
30	玩儿游戏	wánr yóuxì	게임을 하다

Check! Check!

01	邀请	yāoqǐng	
02	建议	jiànyì	
03	情况	qíngkuàng	
04	顺利	shùnlì	
05	鼓励	gǔlì	
06	厌烦	yànfán	
07	调工作	diào gōngzuò	
08	房地产	fángdìchǎn	
09	搬家公司	bānjiā gōngsī	
10	部长	bùzhǎng	
11	用功	yònggōng	
12	成绩单	chéngjìdān	
13	安慰	ānwèi	
14	钥匙	yàoshi	
15	落在	làzài	

16	劝说	quànshuō
17	劝告	quàngào
18	拜托	bàituō
19	收	shōu
20	快递	kuàidì
21	赛跑	sàipǎo
22	第一名	dì-yīmíng
23	得到	dédào
24	奖金	jiǎngjīn
25	捐献	juānxiàn
26	摩托车	mótuōchē
27	危险	wēixiǎn
28	作为	zuòwéi
29	询问	xúnwèn
30	玩儿游戏	wánr yóuxì

01	晋升	jìnshēng	통 승진하다, 진급하다
02	预订	yùdìng	통 예약하다
03	客厅	kètīng	명 거실
04	乡下	xiāngxia	명 시골, 농촌
05	服务员	fúwùyuán	명 (서비스업의) 종업원
06	糟糕	zāogāo	형 엉망이 되다
07	经理	jīnglǐ	명 경영관리 책임자, 지배인, 사장
08	抗议	kàngyì	통 항의하다
09	乱	luàn	형 어지럽다, 무질서하다
10	管理部门	guǎnlǐbùmén	관리부서
11	组织	zǔzhī	통 조직하다
12	牙科	yákē	명 치과
13	疼了起来	téng le qǐlai	아프기 시작하였다
14	向	xiàng	전 ~에게, ~을(를) 향하여
15	无聊	wúliáo	형 무료하다, 심심하다

16	偏食	piānshí	통 편식하다
17	开发	kāifā	통 개발하다, 개척하다
18	派	pài	통 파견하다
19	推迟	tuīchí	통 뒤로 미루다, 연기하다
20	提前	tíqián	통 앞당기다
21	旅行社	lǚxíngshè	명 여행사
22	说服	shuōfú	통 설득하다
23	急	jí	형 급하다
24	注意事项	zhùyì shìxiàng	주의사항
25	不小心	bù xiǎoxīn	실수로, 부주의로
26	撞	zhuàng	통 (두 물체가 세게) 부딪히다
27	车主	chēzhǔ	명 차량의 주인, 차주
28	宿舍	sùshè	명 기숙사
29	同屋	tóngwū	명 룸메이트
30	音乐声	yīnyuèshēng	음악소리

Check! Check!

외운 단어의 뜻을 써 봅시다.

01	晋升	jìnshēng	
02	预订	yùdìng	
03	客厅	kètīng	
04	乡下	xiāngxia	
05	服务员	fúwùyuán	
06	糟糕	zāogāo	
07	经理	jīnglǐ	
08	抗议	kàngyì	
09	乱	luàn	
10	管理部门	guǎnlǐbùmén	
11	组织	zǔzhī	
12	牙科	yákē	
13	疼了起来	téng le qǐlai	
14	向	xiàng	
15	无聊	wúliáo	

16	偏食	piānshí
17	开发	kāifā
18	派	pài
19	推迟	tuīchí
20	提前	tíqián
21	旅行社	lǚxíngshè
22	说服	shuōfú
23	急	jí
24	注意事项	zhùyì shìxiàng
25	不小心	bù xiǎoxīn
26	撞	zhuàng
27	车主	chēzhǔ
28	宿舍	sùshè
29	同屋	tóngwū
30	音乐声	yīnyuèshēng

01	安静点儿	ānjìngdiǎnr	조용히 하세요
02	领导	lǐngdǎo	명 지도자
03	街上	jiēshang	거리에
04	调查	diàochá	동 (현장에서) 조사하다
05	功能	gōngnéng	명 기능
06	回答	huídá	동 대답하다
07	吵架	chǎojià	동 말다툼하다, 다투다
08	陪	péi	동 모시다, 동반하다
09	日程安排	rìchéng'ānpái	명 일정 안배
10	帮忙	bāngmáng	도움을 주다, 거들어주다
11	拒绝	jùjué	동 거절하다
12	接受	jiēshòu	동 받아들이다
13	吵	chǎo	동 싸우다 형 시끄럽다
14	物业	wùyè	아파트 관리사무실
15	出错	chūcuò	동 실수하다

16	告诉	gàosu	동 알리다
17	嘱咐	zhǔfù	동 분부하다, 당부하다
18	发生	fāshēng	동 발생하다, 벌어지다
19	交通事故	jiāotōng shìgù	명 교통사고
20	新产品	xīnchǎnpǐn	명 신제품
21	样品	yàngpǐn	명 샘플, 견본(품)
22	发布会	fābùhuì	명 발표회
23	班主任	bānzhǔrèn	명 담임교사
24	代表	dàibiǎo	명 동 대표(하다)
25	突然	tūrán	부 갑자기
26	停电	tíngdiàn	동 정전되다
27	快餐	kuàicān	명 패스트푸드
28	害处	hàichu	명 손해, 결점, 나쁜 점
29	解雇	jiěgù	동 해고하다
30	小区	xiǎoqū	명 주택 단지

01	安静点儿	ānjìngdianr	
02	领导	lǐngdǎo	
03	街上	jiēshang	
04	调查	diàochá	
05	功能	gōngnéng	
06	回答	huídá	
07	吵架	chǎojià	
08	陪	péi	
09	日程安排	rìchéng'ānpái	
10	帮忙	bāngmáng	
11	拒绝	jùjué	
12	接受	jiēshòu	
13	吵	chǎo	
14	物业	wùyè	
15	出错	chūcuò	

16	告诉	gàosu	
17	嘱咐	zhǔfù	
18	发生	fāshēng	
19	交通事故	jiāotōng shìgù	
20	新产品	xīnchǎnpǐn	
21	样品	yàngpǐn	
22	发布会	fābùhuì	
23	班主任	bānzhǔrèn	
24	代表	dàibiǎo	
25	突然	tūrán	
26	停电	tíngdiàn	
27	快餐	kuàicān	
28	害处	hàichu	
29	解雇	jiěgù	
30	小区	xiǎoqū	

TSC 제 6, 7부분 필수단어

01	入口	rùkǒu	명 입구
02	结冰	jiébīng	통 얼음이 얼다, 결빙하다
03	随便	suíbiàn	형 제멋대로이다
04	不久	bùjiǔ	형 오래되지 않다
05	借车	jiè chē	차를 빌리다
06	郑重	zhèngzhòng	형 정중하다
07	护照	hùzhào	명 여권
08	弄丢	nòngdiū	통 분실하다, 잃어버리다
09	大使馆	dàshǐguǎn	명 대사관
10	邻居	línjū	명 이웃집, 이웃사람
11	读研究生	dú yánjiūshēng	대학원에 다니다
12	复习	fùxí	통 복습하다
13	急事儿	jíshìr	급한 일
14	坏	huài	통 망가지다
15	请求	qǐngqiú	통 요청하다, 부탁하다

16	专业	zhuānyè	명 전공
17	一心	yìxīn	명 일심, 한마음, 전심
18	负责人	fùzérén	명 책임자
19	保险公司	bǎoxiǎn gōngsī	명 보험회사
20	概况	gàikuàng	명 개황, 대개의 상황
21	得病	débìng	동 병에 걸리다
22	糖尿病	tángniàobìng	명 당뇨병
23	戒烟	jiè yān	담배를 끊다
24	戒酒	jiè jiǔ	술을 끊다
25	打印	dǎyìn	동 프린트하다
26	打印机	dǎyìnjī	명 프린터
27	颜色	yánsè	명 색, 색깔
28	退	tuì	동 환불하다
29	要求	yāoqiú	동 요구하다
30	维修	wéixiū	동 수리하다, 보수하다

Check! Check!

01	入口	rùkǒu
02	结冰	jiébīng
03	随便	suíbiàn
04	不久	bùjiǔ
05	借车	jiè chē
06	郑重	zhèngzhòng
07	护照	hùzhào
08	弄丢	nòngdiū
09	大使馆	dàshǐguǎn
10	邻居	línjū
11	读研究生	dú yánjiūshēng
12	复习	fùxí
13	急事儿	jíshìr
14	坏	huài
15	请求	qǐngqiú

16	专业	zhuānyè	
17	一心	yìxīn	
18	负责人	fùzérén	
19	保险公司	bǎoxiǎn gōngsī	
20	概况	gàikuàng	
21	得病	débìng	
22	糖尿病	tángniàobìng	
23	戒烟	jiè yān	
24	戒酒	jiè jiǔ	
25	打印	dǎyìn	
26	打印机	dǎyìnjī	
27	颜色	yánsè	
28	退	tuì	
29	要求	yāoqiú	
30	维修	wéixiū	

01	零用钱	língyòngqián	명 용돈
02	节约	jiéyuē	통 절약하다, 아끼다
03	水费	shuǐfèi	명 수도요금
04	异常	yìcháng	부 특히, 대단히, 몹시
05	送货员	sònghuòyuán	명 배달부
06	售后服务中心	shòuhòu fúwù zhōngxīn	애프터서비스센터
07	结账	jiézhàng	통 계산하다
08	收银台	shōuyíntái	명 계산대
09	堵车	dǔchē	통 차가 막히다
10	厉害	lìhai	형 극심하다, 심각하다, 대단하다
11	电梯	diàntī	명 엘리베이터
12	楼梯	lóutī	명 계단, 층계
13	骗	piàn	통 속이다, 기만하다
14	受伤	shòushāng	통 부상당하다
15	身上	shēnshang	몸(에)

16	挡住	dǎngzhù	통 저지하다, 막(아내)다
17	谎言	huǎngyán	명 거짓말
18	识破	shípò	통 간파하다
19	织	zhī	통 (털옷을) 짜다, 뜨개질 하다
20	难堪	nánkān	형 난감하다, 난처하다
21	院子	yuànzi	명 뜰, 정원
22	渴	kě	형 목마르다
23	抢	qiǎng	통 빼앗다, 탈취하다
24	对坐着	duì zuòzhe	마주 앉아있다
25	座位	zuòwèi	명 좌석
26	资料	zīliào	명 자료
27	放	fàng	통 놓다, 두다
28	交给	jiāo gěi	~에게 제출하다, ~에게 맡기다
29	感激	gǎnjī	통 감격하다
30	开走	kāizǒu	(기차 · 버스 등이) 떠 나가다

01	零用钱	língyòngqián	
02	节约	jiéyuē	
03	水费	shuǐfèi	
04	异常	yìcháng	
05	送货员	sònghuòyuán	
06	售后服务中心	shòuhòu fúwù zhōngxīn	
07	结账	jiézhàng	
08	收银台	shōuyíntái	
09	堵车	dǔchē	
10	厉害	lìhai	
11	电梯	diàntī	
12	楼梯	lóutī	
13	骗	piàn	
14	受伤	shòushāng	
15	身上	shēnshang	

16	挡住	dǎngzhù
17	谎言	huǎngyán
18	识破	shípò
19	织	zhī
20	难堪	nánkān
21	院子	yuànzi
22	渴	kě
23	抢	qiǎng
24	对坐着	duì zuòzhe
25	座位	zuòwèi
26	资料	zīliào
27	放	fàng
28	交给	jiāogěi
29	感激	gǎnjī
30	开走	kāizǒu

01	打碎	dǎsuì	통 부수다, 깨지다
02	花盆	huāpén	명 화분
03	开过去	kāi guòqù	운전해서 지나가다
04	轮胎	lúntāi	명 타이어
05	被扎	bèi zhā	(뾰족한 물건에) 찔리다
06	只好	zhǐhǎo	부 부득이, 할 수 없이
07	熊娃娃	xióngwáwa	명 곰인형
08	咬	yǎo	통 물다, 깨물다
09	不理	bùlǐ	통 상대하지 않다, 무시하다
10	盒饭	héfàn	명 도시락(밥)
11	跪	guì	통 무릎을 꿇다
12	地上	dìshang	땅바닥에
13	批评	pīpíng	통 꾸짖다, 나무라다
14	整理	zhěnglǐ	통 정리하다
15	行李	xíngli	명 짐, 여행짐

16	睡着	shuìzháo	통 잠들다
17	做梦	zuòmèng	통 꿈을 꾸다
18	停在	tíngzài	~에 세우다(주차하다)
19	后备箱	hòubèixiāng	명 트렁크
20	站在	zhàn zài	~에 서있다
21	惊慌	jīnghuāng	형 놀라서 허둥대다
22	做客	zuòkè	통 손님이 되다
23	走来走去	zǒulái zǒuqù	왔다갔다하다
24	叫外卖	jiào wàimài	배달주문하다
25	付钱	fùqián	통 돈을 지급(지불)하다
26	递	dì	통 건네다
27	偷偷	tōutōu	부 남몰래, 슬그머니
28	弄洒	nòngsǎ	엎지르다
29	弄脏	nòngzāng	통 더럽히다
30	惊醒	jīngxǐng	통 놀라서 깨다

01	打碎	dǎsuì	
02	花盆	huāpén	
03	开过去	kāi guòqù	
04	轮胎	lúntāi	
05	被扎	bèizhā	
06	只好	zhǐhǎo	
07	熊娃娃	xióngwáwa	
08	咬	yǎo	
09	不理	bùlǐ	
10	盒饭	héfàn	
11	跪	guì	
12	地上	dìshang	
13	批评	pīpíng	
14	整理	zhěnglǐ	
15	行李	xíngli	

16	睡着	shuìzháo	
17	做梦	zuòmèng	
18	停在	tíngzài	
19	后备箱	hòubèixiāng	
20	站在	zhànzài	
21	惊慌	jīnghuāng	
22	做客	zuòkè	
23	走来走去	zǒulái zǒuqù	
24	叫外卖	jiào wàimài	
25	付钱	fùqián	
26	递	dì	
27	偷偷	tōutōu	
28	弄洒	nòngsǎ	
29	弄脏	nòngzāng	
30	惊醒	jīngxǐng	

01	举	jǔ	통 들다, 들어올리다
02	湿	shī	통 젖게 하다
03	短袖	duǎnxiù	명 반소매, 짧은 소매
04	短裤	duǎnkù	명 반바지
05	厚衣服	hòuyīfu	두꺼운 옷
06	到达	dàodá	통 도달하다, 도착하다
07	目的地	mùdìdì	명 목적지
08	当地	dāngdì	명 현지
09	开心	kāixīn	형 기쁘다, 즐겁다
10	叫	jiào	통 소리지르다, (개가) 짖다
11	心烦	xīnfán	형 짜증나다
12	老奶奶	lǎonǎinai	(친척이 아닌) 할머니
13	道歉	dàoqiàn	통 사과하다, 사죄하다
14	一直	yìzhí	부 계속, 줄곧
15	吵醒	chǎoxǐng	통 시끄러워서 (잠을) 깨다

16	小偷	xiǎotōu	명 도둑
17	大腿	dàtuǐ	명 허벅지
18	进站	jìnzhàn	(기차·지하철) 역에 들어오다
19	架子	jiàzi	명 선반
20	画家	huàjiā	명 화가
21	醒	xǐng	동 잠에서 깨다
22	粗心	cūxīn	형 세심하지 못하다
23	柜台	guìtái	명 (상품을 판매하는) 코너, 매장
24	反而	fǎn'ér	부 반대로, 도리어, 오히려
25	卖力	màilì	전심전력하다
26	汗	hàn	명 땀
27	肚子	dùzi	명 복부, 배
28	药箱	yàoxiāng	명 약상자
29	闹钟	nàozhōng	명 자명종, 알람시계
30	受不了	shòubuliǎo	참을 수 없다

Check! Check!

외운 단어의 뜻을 써 봅시다.

01	举	jǔ	
02	湿	shī	
03	短袖	duǎnxiù	
04	短裤	duǎnkù	
05	厚衣服	hòuyīfu	
06	到达	dàodá	
07	目的地	mùdìdì	
08	当地	dāngdì	
09	开心	kāixīn	
10	叫	jiào	
11	心烦	xīnfán	
12	老奶奶	lǎonǎinai	
13	道歉	dàoqiàn	
14	一直	yìzhí	
15	吵醒	chǎoxǐng	

16	小偷	xiǎotōu	
17	大腿	dàtuǐ	
18	进站	jìnzhàn	
19	架子	jiàzi	
20	画家	huàjiā	
21	醒	xǐng	
22	粗心	cūxīn	
23	柜台	guìtái	
24	反而	fǎn'ér	
25	卖力	màilì	
26	汗	hàn	
27	肚子	dùzi	
28	药箱	yàoxiāng	
29	闹钟	nàozhōng	
30	受不了	shòubuliǎo	

01	扔到	rēngdào	~에 버리다
02	叼	diāo	통 (물체의 일부분을) 입에 물다
03	哭丧着脸	kū sang zhe liǎn	기분이 언짢아서 얼굴을 찌푸리다
04	不得不	bùdébù	부 어쩔 수 없이
05	调	tiáo	통 조정하다, 조절하다
06	调	diào	통 파견하다, 전근시키다
07	蔬菜	shūcài	명 채소, 야채
08	鱼	yú	명 물고기
09	急刹车	jíshāchē	통 급브레이크를 밟다
10	甩	shuǎi	통 내던지다, 뿌리다, 던지다
11	赢	yíng	통 이기다, 승리하다
12	观众	guānzhòng	명 관중, 시청자
13	高个子	gāogèzi	키가 큰 사람
14	矮个子	ǎigèzi	키가 작은 사람
15	投篮	tóulán	통 (농구에서) 슛하다

16	结束	jiéshù	통 끝나다, 마치다
17	握手	wòshǒu	통 악수하다
18	起飞	qǐfēi	통 이륙하다
19	娃娃	wáwa	명 인형
20	围巾	wéijīn	명 목도리
21	墙	qiáng	명 벽
22	解释	jiěshì	통 해명하다, 설명하다
23	替	tì	통 대신하다
24	干洗店	gānxǐdiàn	명 세탁소
25	国际电话	guójì diànhuà	국제전화
26	参加婚礼	cānjiā hūnlǐ	결혼식에 참가하다
27	毕业典礼	bìyè diǎnlǐ	명 졸업식
28	住院	zhùyuàn	통 입원하다
29	成绩	chéngjì	명 성적
30	存钱罐儿	cúnqiánguànr	명 저금통

Check! Check!

01	扔到	rēngdào	
02	叼	diāo	
03	哭丧着脸	kū sang zhe liǎn	
04	不得不	bùdébù	
05	调	tiáo	
06	调	diào	
07	蔬菜	shūcài	
08	鱼	yú	
09	急刹车	jíshāchē	
10	甩	shuǎi	
11	赢	yíng	
12	观众	guānzhòng	
13	高个子	gāogèzi	
14	矮个子	ǎigèzi	
15	投篮	tóulán	

16	结束	jiéshù
17	握手	wòshǒu
18	起飞	qǐfēi
19	娃娃	wáwa
20	围巾	wéijīn
21	墙	qiáng
22	解释	jiěshì
23	替	tì
24	干洗店	gānxǐdiàn
25	国际电话	guójì diànhuà
26	参加婚礼	cānjiā hūnlǐ
27	毕业典礼	bìyè diǎnlǐ
28	住院	zhùyuàn
29	成绩	chéngjì
30	存钱罐儿	cúnqiánguànr

MEMO

MEMO

MEMO